# 모든 관계는
# 말투에서 시작된다

# 모든 관계는
# 말투에서 시작된다

**기분 좋은 사람으로
기억되는
사소한 습관**
–
김범준 지음

10만 부
기념
스페셜
에디션

호감형
인간으로
만들어
드립니다
-말투 이발소-

위즈덤하우스

서문
## 사람은 말투로 기억된다

사람들은 늘 인간관계가 제일 힘들다고 말한다. '도대체 어떻게 해야 저 사람과 가까워질 수 있을까?', '저 사람은 도대체 왜 나한테 짜증을 내는 걸까?' 등등 상대의 마음이 내 마음 같지 않아 혼자 전전긍긍하는 사람, 아마 지금 이 순간에도 많이 있을 거다. 어떻게 하면 사람들과 갈등 없이 기분 좋은 관계를 유지할 수 있을까를 고민하며 매일 자책도 해보고, 피곤하지만 밥 약속, 술 약속도 잡아보고… 갖은 노력을 해보지만 여전히 쉽지가 않다. 도대체 어떻게 해야 상대의 마음을 움직일 수 있는 걸까? 하지만 이제 더 이상 걱정할 필요 없다. 사람의 마음은 우리의 생각보다 아주 사소한 것 하나만으로도 움직인다는 사실!

예일대 심리학과 존 바그 교수의 '따뜻한 커피 효과'는 사람의 마음이 얼마나 사소한 것에 움직이는지를 보여주는 대표적인 예다. 존 바그 교수는 피실험자를 두 그룹으로 나누어 A 그룹에는 따뜻한 커피 잔을, B 그룹에게는 얼음이 든 차가운 커피 잔을 잠깐 동안 들고 있게 했다. 그 후 피실험자들은 면접관이 되어 동일한 한 사람을 인터뷰했다. 결과는 놀라웠다. 따뜻한 잔을 들고 있던 A 그룹은 모두 면접 본 사람을 채용하겠다고 응답했고, 차가운 잔을 들고 있던 B 그룹은 모두 채용하지 않겠다고 응답했다. 2~3분 동안 들고 있던 커피 잔의 온도만으로 면접의 결과가 달라진 것이다. 사람의 마음을 움직이는 데 거창한 무언가가 필요한 게 아니라는 것을 이 실험을 통해서 알 수 있다.

커피 잔의 온도만큼이나 너무나 사소해 간과하기 쉽지만, 모든 인간관계에 큰 영향을 미치는 것이 있다. 바로 말투다. 지금까지 우리는 말을 잘하는 것이 얼마나 중요한지, 협상을 잘하려면 어떤 대화의 기술을 써야 하는지 등 말의 기술적인 면에 관심을 집중해 왔다. 하지만 말을 잘하는 것보다 중요한 것이 바로 '잘 말하는' 것이다.

얼마 전에 있었던 일이다. 부모와 아이의 바람직한 대화에 대해

글을 쓰던 중 마침 옆에 엎드려서 책을 읽던 아이가 보였다. '음, 나는 괜찮은 아빠니까, 나름대로 대화 전문가니까 나에게 별다른 문제점은 없겠지?'라는 생각을 하며 아이에게 물어봤다.

"혹시 아빠가 하는 말 중에 기분 안 좋은 경우가 있었니?"

나는 당연히 "아뇨. 아빠와 대화하는 건 늘 기분 좋아요"라는 대답을 기대했다. 그런데 아이의 대답은 달랐다.

"다른 아이랑 비교하는 아빠의 말투가 싫어요."

나 자신은 누군가에게 비교당하는 것을 그리도 싫어하면서 나도 모르게 아이에게는 비교의 말을 사용하며 마음 아프게 했던 것이다. 비즈니스 커뮤니케이션, 조직 대화법, 부모와 자녀의 소통 등에 대해 오래 공부해오면서, 나름대로 '커뮤니케이션 전문가'라고 불리던 나 역시 여전히 아이의 마음을 상하게 하는 말투를 나도 모르게 사용했던 것이다.

대화의 현장에서 많은 사람들이 놓치고 있는 것, 바로 말투다. 말의 내용과 말의 형식은 학교에서, 가정에서 잘 배우고 있지만 말투에 대해서는 그동안 간과해왔다. 그러나 말의 내용보다, 말의 형식보다 관계를 결정짓는 힘은 말투에 있다. 말투 하나만 가다듬어도 인생이 바뀐다. 말투만 바꿔도 막혔던 말문이 트이고, 원하는 것을 얻으며, 사람 사이의 분위기가 달라진다. 성공하는 사람들, 존경받는 사람들, 알고 보니 말투부터 달랐다. 말투는 인간관계를 구축하는 데 빼놓을 수 없는 매우 중요한 역할을 한다.

이 책에서는 그동안 우리들이 일상의 대화 속에서 아무렇지도 않게 사용하고 있었던, 그래서 우리의 가치를 훼손시키고 있었던 말투를 찾아 하나씩 고쳐보고자 한다. 또한 만나면 기분 좋은 사람으로 만들어주는 말투, 원하는 목적이 있을 때 사용하면 좋은 말투, 공격적이지 않으면서도 단호하게 자신의 의사를 전달할 수 있는 말투 등 대화의 현장을 관찰하면서 찾아낸 버려야 할 말투, 반드시 배워야 할 말투를 정리했다. 도대체 어떻게 하면 다시 만나고 싶은 사람이 될 수 있을까? 대화를 나눌 때 느낌이 좋은 사람은 어떤 말투를 사용하는지, 좋은 인상을 남기는 사람의 말투는 무엇이 다른지, 사람들이 호감을 느끼는 말투는 어떤 것들이 있는지 등 이 책에 담긴 올바른 말투 사용법을 터득한다면 누구에게나 '다시 만나고 싶은 사람'으로 기억될 것이며, 어느 누구를 만나도 좋은 분위기를 만들 수 있을 것이다.

모두 일상에서 바로 실천할 수 있는, 아주 쉬운 방법이다. 신경질적인 말투, 직설적인 말투, 나도 모르게 나오는 독설 등 그동안 말투 때문에 본의 아니게 관계에서 오해를 만들고, 말투 하나로 진짜 모습과는 다른 이미지로 손해를 본 사람들이라면 더더욱 이 책에 담긴 방법들을 적어도 하루에 하나씩 실천해보자. 누구나 조금만 신경을 쓰면 읽는 즉시 실천할 수 있는 아주 간단한 방법들이다. 이 간단한 방법들만 알면 누구나 '다시 만나고 싶은 사람'이 될 수 있다. 그게 바로 말투의 힘이다.

대화는 말투가 전부다. 말투 하나만 바꿔도 삶이 극적으로 달라질 수 있다. 이제 당신이 바뀔 차례다.

2017년 6월

김범준

# 차례

서문 사람은 말투로 기억된다 … 4

**1장**  **말투만 바꿔도 사람이 달라 보인다** ─────

말투는 버릇이다 … 17

입담이 필요할 때 vs 말투가 필요할 때 … 21

말투는 논리가 아닌 감정의 언어다 … 25

상대의 말투에 답이 있다 … 28

말투에도 노화 현상이 있다 … 31

주어가 말투를 만든다 … 34

말투는 각자의 위치에 따라 달라야 한다 … 38

대화를 지배하는 것은 내용이 아닌 말투다 … 43

..................

좋은 말투의 법칙 ①

호감형 인간이 되는 첫걸음, 메라비언 법칙 … 46

**2장 언제 어디서나 기분 좋아지는 말투 ─────**

상대의 신뢰를 얻는 '덕분에Thanks to' … 51

솔직함이 때로는 실례가 될 수 있다 … 55

말투에도 메이크업이 필요하다 … 59

'아는 척'보다는 '알아도 모르는 척' … 63

마음의 벽을 허무는 긍정탐구 말투 … 68

언제 어디서나 통하는 말, "당신을 믿습니다" … 71

다름을 인정하는 순간 상대의 말문이 열린다 … 75

내성적인 사람에게 건네면 좋은 말 … 79

상대의 고민에는 반복적으로 리액션하라 … 83

...................................

좋은 말투의 법칙 ②

과거 경험을 이용한 설득의 심리학, 면역 효과 … 87

**3장 일도 관계도 한결 좋아지는 말의 습관** ─────────

카페에서 하면 좋은 말 vs 회의실에서 하면 좋은 말 ⋯ 93

질문만 잘해도 거절당하지 않는다 ⋯ 97

사이다 말투로 상대의 분노에 동참하라 ⋯ 101

때로는 형식을 버려야 원하는 것을 얻을 수 있다 ⋯ 105

구체적인 방향성이 상대를 움직이게 만든다 ⋯ 110

사람은 자신의 좋은 점을 이야기해준 상대에게 마음을 연다 ⋯ 113

인정욕구를 채워주는 이유 없는 칭찬 ⋯ 116

"그렇군요!"만으로 완벽한 회의를 만들 수 있다 ⋯ 119

⋯⋯⋯⋯⋯⋯⋯⋯⋯⋯⋯

**좋은 말투의 법칙 ③**

**협상에 성공하는 대화법, "150만 원에 차를 드리겠습니다" ⋯ 123**

**4장 버리고 삼가면 좋은 말투** ───────────

상대방의 가치를 평가절하 하는 '경멸' 말투 … 127

'너는 몰라도 돼'라는 말에 진짜 모르는 사람이 될 수 있다 … 130

'용건만 간단히'가 관계를 단절시킬 수도 있다 … 133

'답정너' 말투 하나로 꼰대가 될 수 있다 … 137

상대방의 약점에는 절대 공감하지 마라 … 140

발뺌하는 말투는 더 큰 화를 부른다 … 144

체계적인 변명보다 단순한 사과가 낫다 … 148

껍데기만 친절한 "고객님" 말투 … 152

물리적 거리만큼 심리적 거리도 필요하다 … 155

......................................

**좋은 말투의 법칙 ④**

**프란츠 & 베니그손, "사과에도 적절한 타이밍이 있다"** … 158

**5장 공격적이지 않으면서 단호하게 나를 표현하는 법 ──**

상대의 감정을 자극하려면 말투의 강약을 조절하라 ⋯ 163

불가능을 가능이라 말하는 것은 긍정이 아니다 ⋯ 166

거절 뒤에는 반드시 긍정적인 멘트를 추가하라 ⋯ 170

제3자의 권위를 이용하면 말에 힘이 실린다 ⋯ 174

논리의 치밀함보다는 감정적 접근이 우선이다 ⋯ 178

지나친 솔직함이 결국 나를 해친다 ⋯ 182

'믿을 만한 사람'은 말투로 완성된다 ⋯ 185

나를 지키는 용기가 진정한 용기다 ⋯ 189

나를 지키는 말투는 그 자체로 선이다 ⋯ 192

⋯⋯⋯⋯⋯⋯⋯⋯⋯⋯

**좋은 말투의 법칙 ⑤**

**지식의 저주, 때로는 지식이 의사소통을 가로막는다 ⋯ 196**

# 1장

# 말투만 바꿔도
# 사람이 달라 보인다

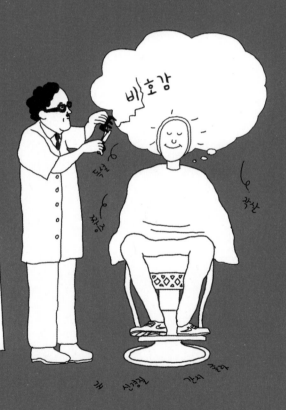

# 말투는
# 버릇이다

　말의 내용과 말의 형식 중 어느 게 더 중요할까? 내용만큼이나 형식도 중요하고, 형식 이상으로 내용도 중요하다. 아무리 존댓말로 형식을 갖춰 말해도 그 내용이 상대방에 대한 존중을 담고 있지 않다면 불쾌한 말에 지나지 않는다. 내용이 논리적이라고 해도 더듬더듬 자신 없이 말한다면 설득에 실패하는 말하기가 될 것이다. 말의 내용은 곧 '뜻'이다. 말의 형식은 곧 '행동'이다. 말의 뜻과 행동이 적절하게 조화를 이루어야 성공적인 대화를 할 수 있다. 말의 뜻과 행동이 하나의 목표를 향해 함께할 때만이 대화는 아름다운 결과를 얻을 수 있다. 문제는 '말의 뜻(내용)'과 '말의 행동(형식)'을 적절히 조화시키는 것이 어렵다는 데 있다. 그렇다면 우리의 목표는 단순해졌다. '말의 뜻'과 '말의 행동' 사이의 거리를 줄이는 노력을 하면 된다. 말의 내용도, 말의 형식도 아닌 제3의 영역에 있으면서 내용과 형식 사이의 거리를 줄일 수 있는 '말투'가 바로 그 해결책이다.

말투란 '말을 하는 버릇이나 모습'을 뜻한다. 여기서 두 가지를 알 수 있다. 우선 말투는 '버릇'이다. 우리는 다른 사람의 버릇을 보면서 그 사람의 습관이나 성격을 짐작해 판단의 기준으로 삼는다. 급한 말투, 더듬는 말투, 느린 말투, 꼼꼼한 말투 등 말을 하는 버릇으로 성격을 예측할 수 있다. 다만 말투는 버릇일 뿐 본성이 아니다. 그러니 얼마든지 고칠 수 있다. 바꾸려고 노력하면 충분히 가능한 일이다. "세 살 버릇 여든까지 간다"는 말만 믿고 말투를 개선하려는 노력을 등한시한다면 세상을 살아가는 데 있어 가장 중요한 도구를 포기하는 셈이다.

다음으로 말투란 '밖으로 나타나는 모습'이다. 밖으로 나타난다는 것은 시간과 장소에 따라 말투를 달리해야 함을 말한다. 친한 사람들 사이에서의 말투, 웃어른과 아랫사람을 대할 때의 말투, 연설장에서 강사로서의 말투 등 목적과 상황에 따라 말투는 달라져야한다. 예를 들어보자. 무대에 가수가 있다. 가수는 어떻게 평가되는

가. 표정과 목소리다. 표정으로 노래의 뜻을, 목소리로 노래의 형식을 적절하게 보여줘야 "노래 잘한다"는 평가를 받는다. 다른 경우도 마찬가지다. 집에서 아이들과 놀 때, 카페에서 연인과 함께할 때, 직장에서 상사에게 보고할 때, 각 상황마다 말투는 달라야 한다. 자신의 말이 상대방에게 어떻게 전달되고 있는지에 무관심한 사람은 마치 주변 사람들에게 마구 총을 쏘아대는 사람과 다를 바 없다. 나에게는 어떤 말버릇이 있는지 떠올려보자. 당신의 말투가 상대방에게 어떻게 보이고 있는지, 나의 입에서 나온 말들이 세상을 향해 총질만 해대고 있었던 것은 아닌지, 나의 말투는 안녕한지, 나를 한 번 돌아보는 것이 말투를 개선하는 노력의 시작이다.

'개저씨'라는 말을 한 번쯤은 들어봤을 것이다. '개'와 '아저씨'의 합성어로 주로 여성이나 약자에게 '갑질'하는 중년 남성을 일컫는 말이다. 예는 수도 없이 많다. 드라마 〈미생〉의 한 장면을 떠올려보자. 남자 상사가 부하 여직원에게 말끝마다 "어디 여자가?"라는 폭언을 내뱉는다. 개저씨의 전형적인 예다. 지하철에서도 쉽게 볼 수 있다. 밑도 끝도 없이 "요즘 젊은것들은…"이라는 말을 하며 욕하는 아저씨, 역시 개저씨다.

개저씨라 불리는 사람들이 이러한 오명을 쓰게 된 이유는 무엇일까? 바로 말투다. 말의 버릇이나 모습 때문에 일순간 개저씨로 전락해버린 것이다. 젠틀맨으로 거듭나고 싶다면, 최우선 과제는 바로 자신의 말투를 살펴보고 지금 당장 고쳐야 할 말투가 무엇인지 문제점을 찾아내는 것이다. 물론 아저씨들만의 문제는 아니다. 비호감에서 벗어나 사람들에게 호감형 이미지로 기억되고 싶다면 말투에 그 답이 있다는 것을 기억하고 이제부터 하나씩 구체적인 실천법을 배워보자.

# 입담이 필요할 때
## vs
# 말투가 필요할 때

 

사람들이 간혹 말투와 헷갈리는 게 있다. 바로 '입담'이 그것이다. 입담이란 '말하는 솜씨'나 '힘'을 뜻한다. 즉, 입담은 누군가에게 영향력을 끼치고 싶은 경우에 필요한 말의 형식이다. 자신이 별 볼 일 없는 사람이 아니라는 것을 보여주고자 할 때 필요한 말하기 방식이다. 조용히 있기보다는 나서야 하는 상황에서 입담이 필요하다. 당신이 연예인이라면, 관중을 압도해 무대를 이끌어가야 하는 상황이라면 입담을 키우는 것이 중요하다. 이런 경우 어쩌면 말투보다 입담이 중요할 수도 있다. 그러나 직장에서 대부분의 시간을 보내고 가족, 친구, 연인, 동료와 대부분의 상호작용을 하는 우리에게 필요한 것은 입담과 말투 중 무엇일까?

개인적으로 말을 잘하는 방송인으로 나는 전현무와 유재석을 꼽는다. 말 잘하기로는 둘째가라면 서러울, 대한민국 MC를 대표하는 쌍두마차다. 그러나 둘의 스타일은 확연히 다르다. 말을 잘한다는 공통점은 있지만 전현무는 '입담이 세다'는 생각이 드는 반면 유재석은 '말투가 좋다'는 느낌을 받는다. 전현무는 재미도 있고 실력은 있지만 왠지 친근하게 느껴지지는 않는다. 살짝 얄미울 때도 있다.

유재석은 다르다. 재미있다기보다 편안하다. 프로그램에서의 존재감은 전현무와 비교하면 현저히 떨어진다. 그런데 이상하다. 존재감이 다소 부족하다고 느껴짐에도 불구하고 여전히 많은 사람들이 대한민국 최고의 진행자로 전현무보다는 유재석을 꼽으니 말이다. 어찌된 일일까?

전현무와 유재석은 그 입담과 말투만큼 어록도 상당하다. 우선 전현무의 어록을 살펴보자.

"꿈이 없는 것도 비참하지만, 안 되는 꿈을 잡고 있는 것도 비참하다."

"포기하지 못하는 꿈, 안타깝다. 꿈도 아닐 때는 버려야 한다."

"사람들은 집중이란 말을 너무 쉽게 해요. 놀 거 다 놀고, 연애도 실컷 하고 책상 앞에서 3~4시간 공부하는 게 집중이 아니에요. 내 삶의 모든 것을 목표 하나에 집중하는 것, 그 밖의 것은 포기하는 것, 그게 집중이에요."

현실적이면서도 상대방의 실수를 용납하지 않는 스마트한 사람으로서의 냉정한 충고가 대부분이다. 무엇인가를 "하라"고 말한다. 다음으로 유재석의 어록을 살펴보자.

"말을 독점하면 적이 많아진다."
"적게 말하고 많이 들어라. 들을수록 내 편이 많아진다."
"앞에서 할 수 없는 말은 뒤에서도 하지 마라."
"하고 싶은 말보다 상대방이 듣고 싶은 말을 해라."
"칭찬에 발이 달렸다면 험담에는 날개가 달려 있다."
"입술의 30초가 마음의 30년이 된다."
"리더인 내가 책임을 져야 한다고 생각한다."

누군가에게 무엇인가를 "하라"고 하기보다 "하지 마라" 혹은 "조심해라"라는 메시지가 대부분이다. 대한민국 최고의 MC 자리를 놓치지 않고 있는 유재석을 머리에 떠올리면 다소 의아하다. 가능하면 말하지 말라니. 유재석이야말로 말의 힘, 아니 말의 무서움을 아는 사람이다. 말의 힘을 누구보다도 잘 아는 유재석이기에 그만큼 더 조심하고, 끊임없이 노력한다는 느낌을 받는다. 누군가를 움직이기 위해서는 상대가 스스로 움직일 수 있도록 도와주는 말을 하려는 그의 태도 역시 엿볼 수 있다.

입담과 말투는 모두 중요하다. 경쟁을 해야 하는 상황에서, 남들보다 돋보이게 두각을 나타내야 할 때 입담은 힘을 발휘한다. 말투는 조금 다르다. 특히 리더, 강자의 입장이 되었을 경우 말투의 중요성은 더해진다. 나이를 먹을수록, 지위가 높을수록 강한 입담보다는 올바른 말투 사용에 더 주의를 기울여야 한다. 힘이 있다고, 권력을 가졌다고, 우위에 있다고 방심하고 거침없이 입담을 과시한다면 의도와 달리 상대에게는 일종의 언어폭력이 될 수도 있음을 잊지 말아야 한다. 당신이 실력이 뛰어남에도, 인격이 훌륭함에도, 상대방이 당신을 가까이하려 하지 않는다면 지금 당장 말투부터 점검해보라.

입담, 그 이상으로 말투가 중요함을 기억하자. 말투는 상대에게서 존중을 이끌어내고 신뢰를 얻어내는 강력한 무기다.

# 말투는
# 논리가 아닌
# 감정의 언어다

상대방에게 따뜻한 말투, 다정한 말투, 힘을 주는 말투, 관계가 좋아지는 말투를 사용하기에 앞서 전제조건이 있다. 바로 상대방에 대한 이해와 공감이다. 하지만 문제는 이게 쉬운 일이 아니라는 점이다. 상대방을 이해한다는 것, 타인에 대해 공감한다는 것은 쉽지 않은 일이다. 그러나 아주 작은 노력 하나로 우리는 어렵지 않게 공감을 담은 좋은 말투를 지닐 수 있다. 그 첫걸음은 바로 '너와 나는 다르지 않다'는 생각이다.

너와 내가 다르지 않은 사람이라는 생각을 갖는 것만으로 우리는 대화에 능숙한 사람, 제대로 된 말투를 사용하는 사람으로 거듭날 수 있다. 함부로 타인에 대해 알고 있다고 생각하지 말자. "내가 나를 모르는데 넌들 나를 알겠느냐"라는 노래 가사도 있지 않은가.

사실 타인을 아는 것 이전에 자기 자신도 잘 모르겠다고 호소하는 사람은 실제로 얼마나 많은가. 나 자신도 모르겠는데 감히 상대방에 대한 이해와 공감을 하겠다고 힘을 쓰다가는 정작 대화의 기회조차 만들지 못할 가능성이 크다. 그러니 쉬운 것부터, 기초적인 것부터 잘해야 한다. 바로 동류의식同類意識, 너와 나는 다르지 않다는 마음가짐부터 시작하자.

그렇다면 동류의식을 말투에 어떻게 적용할 수 있을까? 다음 두 가지만 기억하길 바란다.

**1.** 내가 좋아하는 말투가 있다. 그 말투를 상대방에게 해주면 된다.

**2.** 내가 싫어하는 말투가 있다. 그 말투는 사용하지 않는다.

이게 바로 말투의 기초다. 어떤가, 쉽지 않은가. 내가 좋아하는 말투로 상대방에게 말하고, 내가 싫어하는 말투는 나부터 사용하지 않는 것. 이 두 가지만 기억하자.

상대가 나를 화나게 할 때, 상대가 내 감정을 상하게 했을 때, 그때 상대가 나에게 어떤 말투를 사용했는지를 주의 깊게 살펴보자.

그리고 나를 화나게 한 그 말투를 사용하지 않으면 된다. 반대로 상대와 가까워지고 싶다고 느꼈을 때, 상대가 나를 기분 좋게 했을 때, 상대방이 사용한 말투를 기억해뒀다가 그 말투를 사용하면 된다.

말투는 논리가 아닌 감정이다. 존칭을 깍듯하게 붙여 쓴다고 해서 좋은 말하기 방법은 아니다. 논리정연하다고 해서 그것이 제대로 된 커뮤니케이션이라 할 수도 없다. 대화란 '너와 내가 다르지 않은 사람'이라는 생각을 갖는 것에서 시작해야 한다. 이 생각에서부터 대화의 실마리는 풀리기 시작한다. 상대를 이해할 수 있게 되고, 관계를 발전시킬 수 있으며, 원하는 것을 얻는 성공적인 대화를 끌어갈 수 있다.

다시 한 번 '너와 내가 다르지 않음'이 좋은 말투의 기본임을 기억하라. 그리고 일상에서 내가 듣기 좋았던 말투를 찾아서 사용하고, 듣기 거북했던 말투는 사용하지 않도록 노력해보자. 대화는 말투가 핵심이며, 좋은 말투의 기본 전제는 동류의식, 바로 그것뿐임을 잊지 말자. 오늘 당신이 들은 말투 중 가장 듣기 좋았던 말투는 무엇인가?

## 상대의
## 말투에
## 답이 있다

어느 날 저녁, 아내와 아이가 이야기를 나누고 있었다.

"숙제했어?"

"아뇨."

"오자마자 실컷 놀더니, 그래서 경시대회 잘 치를 수 있겠어?"

"…."

"이제 정신 차리고 공부해. 알았지!"

"네."

대화의 목적은 상대방에게 내가 원하는 무엇인가를 얻어내기 위함이다. 아내는 이 대화에서 무엇을 얻었을까? 아이는 대화에서 무엇을 배웠을까? 결론적으로 아내는 얻은 것이 없고 아이는 배운 게 없다. 아이는 엄마에게 혼난 기억밖에 없다. 엄마는 아이가 "네"라고 했으니 이제 알아서 공부할 것이라 생각하고 있었다.

대화를 잘하기 위한 조건은 무엇일까? 대화를 성공적으로 이끌어 가려면 심리학이라도 공부해야 하는 걸까? 아니다. 우리에게 필요한 것은 단순하면서도 바로 실행에 옮길 수 있는 방법이다. 그 첫 번째 방법은 '듣고 싶은 대로 듣지 말고 상대방의 말투를 통해 들을 것!'이다.

위의 사례를 다시 한 번 읽어보라. 아내는 아이의 "네"를 긍정의 대답으로 받아들였다. 진실은? 아이의 "네"는 진짜로 정신 차리고 공부 열심히 하겠다는 의미가 아니다. 혼나는 상황을 끝내기 위한 대답일 뿐이다. 물론 엄마한테 혼이 났으니 방에 들어가 공부하는 모습은 보일 것이다. 억지로 한 공부의 결과는? 아내의 기대를 저버린 성적으로 나올 것이 뻔하다. 아내와 아이의 대화는 실패한 것이다. 서로에게 아무런 이득이 없는 대화였다. 직장에서는 어떨까?

"내일까지 보고서 반드시 끝내야 해요. 야근이든, 뭐든 해서라도 완성시켜 놓으세요."

퇴근 무렵, 상사가 갑작스러운 지시를 내렸다. 부하직원들은 아무 소리도 하지 못하고 "네"라고 답한다. 과연 상사가 기대한 대로 보고서가 나왔을까? 다음 날 보고서를 받아본 상사의 입에서 "내가 언제 이렇게 하라고 했어요!"라는 꾸중이 나올 것을 직장인이라면 쉽게 짐작할 수 있다. 자, 그렇다면 이는 부하직원들의 잘못일까? 아니다. 상사의 잘못이다.

상사는 강압적인 분위기에서 얻어낸 "네"라는 부하직원의 대답을 '자기 마음대로' 긍정의 대답으로 해석했다. 착각한 거다. 부하직원들의 "네"라는 대답에는 '내일까지라니… 구색만 맞춰서 내야겠다'는 생각이 절반 이상 들어가 있었다. 그럼에도 부하직원의 "네"라는 대답을 긍정의 표시로 받아들인 것은 자기가 듣고 싶은 대로 들은 상사의 잘못이다. 상대방의 말투에 대한 기본적인 관심도 없었기에 결국 일을 그르치는 사례라 할 수 있다. 이러한 사례는 우리 주변에서도 쉽게 찾아볼 수 있다.

이제 대화를 할 때 상대방이 제대로 듣고 있는지부터 확인하도록 하자. 상대방이 어떤 말투로 대화를 하고 있는지에 초점을 두고 대화를 이어가야 불통을 소통으로 전환시킬 수 있다. 다시 말해 대화는 내용을 이해하는 것 이상으로 상대방의 말투에 관심을 두는 것이 중요하다는 것이다. 나를 대하는 상대방의 말투에 집중하라. 어떤 말투로 말하고 있는지 주의 깊게 살펴보자.

# 말투에도
# 노화 현상이
# 있다

직장생활을 갓 시작했을 무렵의 일이니 꽤 오래전이다. 일요일 아침이었다. 누구나 일요일 아침은 조금의 게으름을 피우며 여유 있게 시작하고 싶다. 그런데 방 밖에서 아버지의 언성 높은 말투가 심상치 않게 들려왔다. 잠이 덜 깬 눈을 억지로 뜨고는 귀를 기울여 봤다. 거실에서 아버지가 누군가와 전화 통화를 하고 있었다. 내용은 잘 안 들리지만 거칠게 들리는 말투와 높은 목소리에 긴장이 되기 시작했다. '아침부터 아버지 기분이 나쁘니 평화로운 일요일은 안녕이구나' 싶었다. "결혼은 언제 할 거냐", "요즘 왜 그렇게 늦게

다니냐" 등등 괜히 가만히 있는 나에게까지 불똥이 튀는 건 아닌지 걱정이 되면서 짜증이 확 밀려왔다. 그러나 가만히 있을 수는 없었다. 아버지가 화를 내는데 얼굴이라도 내밀고 무슨 일인지 파악한 뒤에 아버지 편이라도 들어줘야겠다 싶어서 거실로 나갔다. 그런데 어라, 이상하다. 내 예상은 완전히 빗나갔다. 아버지의 얼굴에는 웃음이 가득했다. 잠시 후 전화통화를 끝낸 아버지에게 물어봤다.

"아버지, 누구랑 싸우셨어요?"

"누가? 내가?"

"네, 지금 전화로 누구와 싸우신 거 아니세요?"

"무슨 소리야? 친구하고 오늘 저녁 약속 잡고 있었는데, 싸우긴 뭘 싸워?"

친구와의 약속을 이야기하며 기분 좋게 웃는 아버지를 보면서 그야말로 '헐!' 할 수밖에 없었다. 그리고 시간이 흘러서 대화 현장을 다니며 커뮤니케이션을 공부하면서 의문이 풀렸다. 말투에도 노화 현상이 있다는 것을 알게 되었다. 나이가 들면 청력이 떨어지다 보니 상대의 말이 잘 들리지 않아 자신도 모르게 목소리가 커진다는 것을, 어쩌면 당연할 수도 있는 사실을 시간이 지나서야 깨닫게 되었다.

한번 기억을 더듬어보자. 지하철이나 버스에서, 아니면 카페에서 목청껏 통화하는 할머니, 할아버지들의 목소리에 인상을 찌푸린 적

은 없는지. '지하철에서 장년과 청년이 충돌하는 의학적 이유'라는
기사의 일부를 한번 살펴보자.

어르신들의 목소리가 예전보다 커졌다면, 이건 청력이 떨어진 징후다. 양
쪽 귀에 이어폰을 낀 사람에게 말을 붙였다가 상대방이 갑자기 큰 목소리
로 대답하여 적잖이 당황한 경험이 있을 것이다. 이처럼 귀가 안 들리면
목소리가 커진다. 자신이 낸 목소리를 듣고 거기에 맞춰 목소리의 볼륨을
조절하게 되는데, 청력이 감소하면 자신의 목소리가 작다고 느껴져 목청
을 높이게 된다. 이로 인해 평소의 말투가 자칫 야단치는 것처럼 들린다.
듣는 이가 순간적으로 기분 나쁠 수 있다. 사소한 지적도 상대방이 "이 양
반이 왜 나를 혼내려 들지?" 하며 의문을 품을 만하다.

_〈조선일보〉, 2013. 2. 12.

신체적 기능 저하로 인한 '말투의 노화 현상'을 이해한다면, 내가
그러했듯 어르신들 말투에 대해 오해를 줄일 수 있을 것이다. 그에
더해 우리 주변에 있는 모든 대화 상대의 말투에 대해 듣고 싶은 대
로 듣고 단순하게 반응하기보다 '왜 상대방이 이런 말투를 사용하
는가?'에 대해 아주 잠시라도 생각해보자.

# 주어가
# 말투를 만든다

　중학생 아들을 둔 한 엄마의 반성적 고백을 듣게 되었다. 그녀는 아들과의 대화에서 큰 깨달음을 얻었다고 했다.

　"성철아."

　"네?"

　"넌 남자애가 왜 이리 길눈이 어둡냐?"

　"(잠깐 생각하더니) 엄마, 남자가 모두 길을 잘 찾는다는 건 편견이에요."

　대화를 나눈 뒤 엄마는 한동안 생각을 정리한 뒤 자신의 SNS에

아들과의 대화 내용을 옮기며 이렇게 덧붙였다.

"누군가와 말을 할 때 '남자들은', '여자들은'과 같은 주어 사용에 조심해야겠어요."

습관처럼 잘못된 주어를 말의 맨 앞에 두는 바람에 상대방을 마음 아프게, 당황하게 하는 경우가 얼마나 많은가. 대화할 때의 주어 사용은 상대방에 대한 자신의 인식을 적나라하게 드러내기도 한다. 그러므로 말의 시작, 특히 주어 사용에 있어서는 철저하게 지위, 역할 등 상대방의 위치를 존중해주어야 한다는 것을 잊지 않아야 한다. 이에 대한 사례를 하나 살펴보자.

남녀가 함께 차를 타고 가는 상황에서 여자가 운전을 하고, 남자는 조수석에 앉아서 여자가 운전하는 모습을 바라보고 있다. 그리고 이렇게 말한다.

"여자치고 운전 잘하네?"

여자는 이 말을 어떻게 받아들일까? 운전 잘한다는 칭찬으로 받아들일까? 천만의 말씀이다. 상당히 기분이 나빴을 것이다. '여자가', '여자를'이라는 주어를 함부로 사용하는 사람은 구닥다리 과거에서 헤어나지 못하고 있는 무지한 사람일 뿐이다.

마르틴 하이데거는 "언어는 존재의 집"이라고 했다. 그렇다. 말은 말하는 나 자신의 존재를 규정한다. 하나 더. 말은 내 말을 듣는 상대방의 존재를 특정 지우는 것이기도 하다. 아무렇지도 않게 내뱉는, 상대방을 잘못 해석한 주어 사용 하나가 그 말을 듣는 사람에게 극심한 감정적 소모를 겪게 한다는 사실을 잊어서는 안 된다. 불필요한 오해를 불러일으키는 주어의 사용으로 인해 관계 개선의 기회를 관계 악화의 원인으로 만들 필요가 있을까. 그러니 주어의 선택부터 조심스럽게 접근해야 함을 기억하자.

사람의 특징이나 성격 등이 아닌 다른 능력이 주어로 되는 경우도 말투의 관점에서 조심스럽게 다루어야 할 때가 있다. 10년이나 무명의 길을 걸으면서도 배우의 길을 포기하지 않은 끈기로 결국 〈태왕사신기〉로 이름을 날리고 영화 〈신세계〉로 자신의 입지를 굳힌 배우 박성웅의 과거 인터뷰를 예로 들어보자. 지금은 유명해진 그가 한 TV 프로그램에서 무명시절 얘기를 하는 과정에서 과거에 겪었던 경험을 이야기하는 장면을 보고 마음이 아팠다.

"2002년 방송국 처음 들어와서 첫 미팅이었어요. 만난 지 3분도 되지 않았는데 담당 PD가 '너 공부 못해서 여기 왔지?'라고 하더라고요. 또 '니네 회사는 건달만 키우냐?'라고 말하는데 분노가 치밀어 올랐지만 그냥 '이렇게 생겨서 죄송합니다'라고 말하고 말았어요."

괜히 나까지 기분이 나빠졌다. 연기하러 온 사람에게 왜 공부 얘기를 하는 걸까? 물론 박성웅은 오히려 자신이 보란 듯이 성공하겠노라고 스스로를 버티게 하는 계기로 삼았다고 하지만 말이다. 배움에 목말랐던 중장년층 세대일수록 공부를 다른 직업과 연관시키는 말투를 사용하는 실수를 범할 때가 많다. 공부 외의 직업을 업으로 삼는 사람한테 "공부 못해서 다른 길 찾은 거지?" 혹은 "공부하기 싫으니까 그거 하겠다는 거지?"라며 섣불리 공부를 주어로 삼는 말들은 상대방의 인격과 자존감을 짓밟는 최악의 말투다.

# 말투는
# 각자의 위치에 따라
# 달라야 한다

얼마 전 몇 차례의 대선토론을 지켜보면서 답답함을 느꼈다. 자신과 생각을 달리하는 사람을 배척하는 우리의 풍조가 토론에까지 그대로 이어지는 것 같아서 안타까웠다. 인정은커녕 극도로 부정하는 말투, 서로 험담만 주고받기 바쁜 말투가 보기 흉했다. 마치 상대를 인정하는 순간 자신의 존재감을 상실할지 모른다는 위기감에 빠진 불안증 환자들 같아 보였다. 리더가 될 사람들이라면 상대방과 의견을 달리하는 경우에도 상대방을 인정하는 여유가 있는 말투가 더더욱 필요한데 말이다. 리더라면 리더답게 나와 다른 사람들을 포용할 수 있어야 한다. 상대방을 포용하고 심지어 칭찬까지 할 수 있는 여유를 보여줘야 한다. 그게 리더가 지녀야 할 필수 자격 중 하나다.

오스카 와일드는 "항상 당신의 적을 용서하라. 그것만큼 적을 괴롭힐 수 있는 것은 아무것도 없다"라고 말했다. 이와 관련한 버락 오바마의 예를 한번 살펴보자.

오바마 미국 현 대통령이 전 대통령인 레이건을 높이 치켜세우는 발언을 해서 우리나라에서 화제가 되고 있다. "레이건 대통령은 미국에 대한 낙관적 시각을 회복하게 했다. 이러한 낙관적 시각이야말로 이 힘겨운 시기에 우리가 필요로 하는 것이다"라는 발언이었는데, 미국에서도 화젯거리가 되는지는 잘 모르겠다. 그러나 정적에 대한 찬사는 우리나라에서는 분명히 뉴스거리다.

이미 돌아가신 분이어서 정적이라는 표현이 적당하지는 않지만 우리가 잘 알듯이 레이건은 미국의 보수를 대표하는 대통령이었고 오바마는 분명히 반대되는 정책을 주장하는 사람이다. '레이거노믹스' 정책을 하나하나 뜯어고치고 있는 오바마가 레이건을 칭찬하고 인정하는 것은 우리에게 매우 낯설어 보인다.

_〈한겨레〉, 2009. 6. 21.

오바마가 보여준 태도는 리더로서의 위치를 분명히 알고, 그만큼 포용력 있게 상대방을 끌어안는 진짜 리더다운 멋진 말투다.

IT 분야의 세계적 리서치 기업인 가트너Gartner의 부사장이 언젠가 한 언론과의 인터뷰에서 IT 회사의 CIO(최고정보책임자)가 C레벨로서 확고하게 자리 잡기 위해서 갖춰야 할 조건으로 '말투'를 들었던 게 기억에 남는다. 그는 "임원에 맞는 의상과 말투를 익혀야 한다. 마치 연극에서 배역을 맡듯이 해야 한다. 즉 CIO로서 다른 임원들을 설득할 수 있는 언어를 구사해야 한다"라고 말하면서 이는 "CIO가 자신의 브랜드를 스스로 만드는 한편 CIO로서의 가치를 높이는 방법"이라고까지 했다.

리더라면 리더의 말투를 사용해야 하고, 교사라면 교사의 말투를 써야 한다. 물론 소통의 흐름을 보다 좋게 하기 위해 리더가 구성원의 말투를, 교사가 학생의 말투를 인정하고 가끔 사용하는 것은 허용될 수 있다. 하지만 그 빈도나 정도가 자신의 위치를 해치는 수준까지 이르러서는 곤란하다. 다음 장면을 보자. 엄마가 대학생 딸과 문자메시지로 이야기를 나누는 모습이다.

"딸~ 오늘 너무 춥지 않아염?"
"엄마, 언제적 말투야. 요즘은 그냥 '개추워'라고 하면 돼."

어떤가. 군이 엄마의 위치를 버리고 아이들의 말투를 따라 하려는 시도가 오히려 안쓰럽기까지 하지 않은가. 딸에게 친근하게 다가가겠다고 엄마가 '개추워'라는 표현을 쓴다면 얼마나 격조 없어 보이겠는가. 아이들 특유의 말투, 자신들만의 세계에서 쓰는 은어를 엄마와 아빠가 따라 할 필요는 없다. 엄마는 엄마대로, 아빠는 아빠대로 자신들의 위치에 맞는 표현을 사용하는 것이 존재를 인정받을 수 있는 좋은 말투다. 아이들의 불안정한 심리상태가 드러난 표현, 불만과 부정 심리가 표출된 단어, 상대방을 비하하는 과격한 언어 등은 차분하게 타일러야 할 대상이지 엄마, 아빠가 따라 할 단어는 아니다.

물론 자신의 위치만 너무 내세우는 듯한 말투 역시 배격해야 할 표현이다. 그중 대표적인 것으로 어른이라는 입장에 서서 일방적으로 젊은 사람들에게 강요하는 말투를 들 수 있다. 한 기업체 사보에서 대학생 200여 명을 대상으로 조사한 바에 따르면 자신들보다 나이가 많은 사람에게 듣기 싫은 말로 다음과 같은 말들을 꼽았다.

"쯧쯧, 요즘 애들은 이래서 안 돼."
"너희들은 근성이 부족해."
"분위기는 젊은 너희들이 띄워야지."
"다 너 잘되라고 하는 말이야."

"이게 다 내 자식 같아서 하는 말이야."

나 역시도 젊었을 때 참으로 많이 들었던 말들이다. 그만큼 듣기 싫었던 말이었던 것도 사실이다. 상대방의 입장이 아닌 오로지 자신의 위치에서만 일방적으로 표현하는 말투는 듣는 사람에게 거부 반응을 일으킨다. 그것도 모르고, 아니 알려 하지도 않고 자신의 말이 무슨 현인의 말이라도 되는 것처럼 쉽게 내뱉고는 '왜 반응이 안 좋지?'라고 의아해한다면 상대방의 듣는 귀를 탓하기 전에 자신의 기본적인 말투부터 점검해야 한다.

말투는 의사전달 수단을 넘어 곧 그 사람의 인격을 드러내는 그릇이고 꼴이다. "마음에서 넘쳐나는 것을 입이 말한다"는 외국 속담이 있다. 말이란 말하는 사람의 마음에 담긴 의지를 구체화하고 자신 안에서 일어난 속마음의 내용을 상대방의 마음에 전달하는 수단이 된다. 소통의 목적을 달성하기 위해서라도 자신이 어느 위치에 있는지, 그리고 상대방은 어디에 있는지를 살핀 후 자신의 말투를 돌아보도록 하자.

# 대화를
# 지배하는 것은
# 내용이 아닌
# 말투다

 

 

한 벤처기업에서 인사팀장으로 일하는 분과 대화를 나누던 중 다음과 같은 말을 한 적이 있다.

"회의 시간에 아무 의미 없는 낙서를 하고 있는 부하직원을 보면 그렇게 미울 수가 없더라고요."

어느 영화의 한 대사처럼 "넌 나에게 모욕감을 줬어!"라고 소리치고 싶었단다. 상대방이 말하는데 듣는 둥 마는 둥 딴짓을 하는 것은 결국 '나는 당신에게 별 관심 없습니다'라는 무시의 표현과 다름 없다. 상대의 감정을 상하게 하는, 결국 분노에 이르게 하는 커뮤니케이션의 잘못된 사례다. 부하직원은 억울할지도 모르겠다. '아무 말도 하지 않고 끄적대고 있었을 뿐인데 왜 저러지?'라고 반문할지도 모르겠다. 말하지 않았다고, 화를 내지 않았다고 아무 잘못이 없다고 생각하는 사례들, 찾아보면 너무나도 많다. 그러나 당신의 비언어적 행동이 "나는 당신에게 관심 없어요"라고 직접적으로 말하는 것보다 8배나 더 강하게 부정적인 느낌을 전달하고 있다. 무려 8배나!

커뮤니케이션에서 빼놓을 수 없는 연구 중 하나로 앨버트 메라비언Albert Mehrabian의 '메라비언의 법칙'이 있다. 우리가 일반적으로 대화에서 가장 중요하다고 생각하는 '말Spoken Language'은 커뮤니케이션에서 7퍼센트밖에 차지하지 않는다고 한다. 그렇다면 나머지 93퍼센트는 어떻게 구성되는가. 38퍼센트는 '목소리Voice Tones', 나머지 55퍼센트는 '몸짓Body Language'이다.

자, 이제 앞에서 회의 시간에 무의미한 낙서에 몰입하던 부하직원을 머리에 떠올려보자. 상사가 하는 말에 "관심이 없다"라고 직접적으로 말하는 것보다 8배가량 더 강하게 관심 없음을 전달하고 있었던 것을 알 수 있다.

이러한 사례 외에도 대화의 현장에서 벌어지는 실수는 많다. 자신의 주장만 앞세우는 것에 익숙하다 보니 자신이 원하는 것을 얻기 위해 전하고자 하는 생각들을 상대방에게 일방적으로 모두 쏟아내는 사람들이 있다. 또 정신없이 자기 할 말만 쏟아내느라 상대에게 어떻게 전달됐는지 파악하지 못하기도 한다. 대화의 내용보다는 말투가 상대방에게 더 강한 영향을 준다는 것을 알지 못해 이런 실수를 반복하게 되는 것이다. 그러고는 "말하는 건 너무 어려워", "말이 안 통해서 죽겠어"라고 말한다.

신경 쓰기 귀찮아서, 조심하는 것이 번거로워서 '그냥 하던 대로 해야지' 하는 마음으로 대화에 임하다 보니 실수는 반복되고, 원하는 것을 얻기는커녕 관계마저 위태위태해진다. 상대방과의 대화가 생각대로 흘러가지 않는다면, 원하는 결과가 나오지 않는다면 말투부터 점검하고 바꿔야 한다. 말투의 중요성을 간과한다면 절대 대화의 주인공, 대화의 승리자가 될 수 없다. "올바른 논리, 정확한 문장을 말로 표현하는 것이 대화의 성공 열쇠다"라고 말하는 사람들이 많다. 착각이다. 논리와 내용보다는 순간순간 어떤 말투를 쓰고 있는지 자기 자신을 살펴보는 것이 우선이 되어야 한다.

내용보다는 말투가 대화의 모든 현장을 지배한다. 이제 상대방을 슬프게 하는 말투, 강요하는 말투, 감정을 상하게 하는 말투는 버려야 한다. 사랑과 공감 가득한 말투를 사용하는 사람만이 대화를 통해 자신이 원하는 것을 얻을 수 있다.

# 호감형 인간이 되는 첫걸음, 메라비언 법칙

1971년 캘리포니아대학 UCLA 심리학과 명예교수인 앨버트 메라비언 Albert Mehrabian은 자신의 저서 《침묵의 메시지》를 통해 커뮤니케이션 이론을 한 단계 발전시킨 연구결과를 내놓았다.

상대방에게 호감을 느끼는 순간은 언제인지, 누군가와 첫 대면했을 때 인상을 결정짓는 요소는 무엇인지 등 대화하는 사람들을 관찰하여 분석한 결과 상대방의 인상이나 호감을 결정하는 데 목소리는 38퍼센트, 보디랭귀지는 55퍼센트(표정 35퍼센트, 태도 20퍼센트)의 영향을 미친 반면 말하는 내용은 겨우 7퍼센트의 영향만 작용한다고 한다. 즉 효과적인 의사소통에서 말투나 표정, 눈빛과 제스처 같은 비언어적 요소가 차지하는 비율이

무려 93퍼센트의 높은 영향력을 가지고 있다는 것이다. 이것이 바로 행동의 소리가 말의 소리보다 크다는 것을 보여주는 '메라비언의 법칙The Law of Mehrabian'이다.

　말의 내용이나 화려한 언변보다 표정, 목소리, 태도, 말투와 같은 대화의 분위기를 부드럽게 만드는 요소들이야말로 내가 하고자 하는 말에 힘을 실어주는 역할을 한다. 또한 상대방에게 나의 생각과 감정을 올바르게 전달하는 데에도 효과적이다.

# 2장

# 언제 어디서나
# 기분 좋아지는 말투

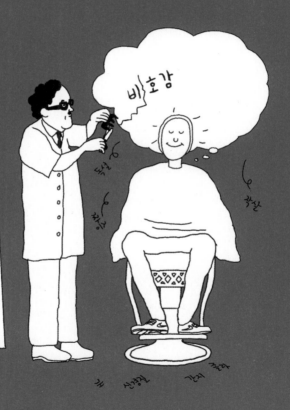

# 상대의
# 신뢰를 얻는
## '덕분에Thanks to'

논리적 추론을 잘한다는 사람들이 사용하는 단어가 있다. 바로 인과관계를 정확히 설명해주는 '때문에'다. 특히 직장에서 '때문에'를 잘 사용한다면 논리적인 사람이라는 평가를 받을 수 있을 것이다. 하지만 일상의 대화 현장이라면 어떨까. '때문에'라는 용어가 과연 대화에서 우리에게 이득을 가져다주는 말투일까?

일상생활에서는 조금 다르다. 우리가 일상생활에서 '때문에'를 남발하면 소극적이라는 이미지를 얻을 수 있다. 자신을 변명해야 하는 상황에서 '때문에'를 사용하면 더더욱 책임 회피하려는 이미지만 강하게 남길 수 있다. 나 자신을 방어하려는, 가시를 곤두세운 고슴도치 같은 느낌을 상대방에게 주기 쉬우며, 자신의 보호가 최우선인 부정적인 사람으로 낙인찍히기 쉬우므로 일상생활에서는 그리 추천할 만한 용어는 아니다.

아시아 최대의 저비용항공사를 일군 에어아시아 그룹의 토니 페르난데스 회장이 한국을 방문해 청년들과 대화하는 자리에서 꼭 해주고 싶은 메시지라며 다음과 같이 말했다.

"좌우명이 3개 있다. '믿을 수 없는 것을 믿고Believe the unbelievable', '불가능한 것을 꿈꾸고Dream the impossible', '절대 안 된다고 대답하지 말자Never take 'No' for an answer'이다. 에어아시아를 설립한 것도 영국 유학 시절, 품었던 꿈을 포기하지 않은 덕이다. 당시 항공료가 너무 비싸 고향에 갈 엄두를 못 냈다. 저비용항공사를 설립해 누구나 비행기를 탈 수 있게 하겠다고 다짐했다."

토니 페르난데스 회장의 말에서 '때문에'를 찾아보라. 없다. 대신 눈에 띄는 용어가 있다. 바로 '덕분에'다. 그의 성공에는 '때문에'가 아닌 '덕분에'라는 비결이 있었다. '덕분에'란 표현은 누군가와의 관계를 개선함은 물론 상대의 신뢰를 얻어내기 위한 최적의 단어다. 물론 그 과정에서 자신의 자존감을 강화하고 세상과 정면으로 부딪힐 수 있게 만드는 힘이 되어주기도 한다.

'덕분에' 말투를 좀 더 알아보자. 두 가지 형태가 있다. 하나는 '직접적인 덕분에' 말투다.

"선생님 덕분에 수학 성적이 좋아졌어요."

"과장님 덕분에 이런 상을 받게 되었네요."

우리가 일상적으로 칭찬이라 일컫는 것들이 '직접적인 덕분에' 말투라고 할 수 있다. 이런 말을 듣게 되는 상대방은 언제나 당신의 파트너, 조력자가 될 준비를 하고 싶은 마음이 저절로 들 것이다.

다른 하나는 '간접적인 덕분에' 말투다. 이 말투가 상대방과의 관계를 개선하는 것에 더욱 효과가 있음을 기억해야 한다.

"A 회사 인사팀장님이 선생님의 강의 덕분에 교육효과가 높아졌다고 하던데요?"

"효진이 엄마가 그러는데 준철이 엄마 덕분에 효진이가 독서에 관심을 갖게 되었대요."

우연하게 남에게 들은 이야기가 누군가와 관계된 일이라고 해보자. 그런데 마침 그 이야기가 누군가의 장점에 대한 것이었다면 반드시 기억해두어야 한다. 그러다 그 사람과 만났을 때 제3자의 말을 빌려서 상대방에게 '간접적인 덕분에' 말투를 사용해보라.

"김 대리가 그러는데, 박 과장이 팀 목표 달성에 결정적인 역할을 했다던데? 박 과장 덕분에 팀원 전체가 포상을 받았다고 말하더라고."

이런 말을 들은 박 과장의 기쁨이 어느 정도일지 상상해보기 바란다. 한편 이렇게 말을 전해준 당신에게 고마움과 신뢰의 마음이 얼마나 커질지도 생각해보라. 이렇듯 '간접적인 덕분에' 말투는 누군가를 신나게 만드는 마법의 말투다. 나 역시 그런 경험이 있다. 언젠가 내가 재직 중인 회사의 사내강사로 조직 구성원 몇 명을 상대로 간단한 특강을 진행했다. 얼마 지나지 않아 다른 부서에서 동일한 주제의 특강을 요청받으면서 들은 말이 아직도 기억이 난다.

"교육 진행자 정 과장님이 그러시는데 부장님 강의 덕분에 교육 만족도 점수가 크게 올라서 윗분들한테 칭찬받았대요."

정말 기뻤다. 말을 전해준 사람은 물론 그런 말을 해준 사람에게까지 호감이 생긴 것은 물론이다. 오늘 하루, 딱 한 사람을 정해서 '덕분에' 말투로 대화를 한번 시도해보자. '직접적인 덕분에' 말투도 좋고, '간접적인 덕분에' 말투도 좋다. 다만 유의할 점이 있다. 너무 큰 '덕분에'를 찾지 말 것. 아주 작은 것이라도 좋으니 '덕분에' 말투를 사용하는 것 자체에 집중하라.

# 솔직함이
# 때로는
# 실례가 될 수 있다

　'1분에 1억 파는 여자', 한 홈쇼핑 회사의 쇼호스트 이야기다. '프로페셔널 장사꾼'이라고 일컬어지는 그의 성공 판매 비결에는 두 가지가 있다고 한다.

　실제로 보이지는 않지만 카메라 너머 고객들이 항상 웃어줄 것이라 생각하고 즐겁게 방송에 임해요. 내 앞에 고객이 있는 것은 아니지만 친한 친구와 수다를 떤다는 생각으로 유쾌하게 방송해요. 저는 고객을 친구처럼 솔직하게 대해요. 기승전결도 없고 이유도 없고 그냥 좋으면 막 좋다고 얘기하는

데 저와 비슷한 취향을 가진 고객이 공감하는 거죠. 친구들한테 자기가 좋아하는 음식점 추천할 때 '거기 엄청 맛있어!' 이 한마디면 되는 것처럼 말이죠.

_〈머니투데이〉, 2016. 5. 19.

솔직함. 물론 중요하다. 솔직한 말투를 사용하는 사람에게는 여러 가지로 마음이 간다. 첫째, 솔직한 사람에게는 신뢰가 간다. 솔직한 사람과는 안심하고 관계를 맺어도 될 것 같다. 둘째, 솔직한 사람은 따뜻하게 느껴진다. 솔직한 사람과 대화를 하면 인간미가 느껴진다. 셋째, 솔직한 사람에게서는 예의가 느껴진다. 솔직함은 대화를 하는 상대방에 대한 최소한의 예의 말투다.

내가 누군가와 대화를 나눴는데 그 말투에 거짓이 있다면 아예 대화 내용이 들리지도 않을 것이다. 거짓이 보이는 머뭇거림이나 솔직함이 훼손된 말은 그대로 상대방에게 전달된다. 생각해보면 누군가 나에게 거짓말을 하는 것이 그대로 느껴지는 말투처럼 기분 나쁜 것도 없다. 그러니 솔직함은 대화에 있어 빼놓을 수 없는 핵심적 요소다.

다만 무작정 솔직하게 말하는 것은 예의가 아니라는 것 역시 기억해야 한다. 솔직하게 말한다고 모든 대화의 장면에서 이해가 되고 인정이 되는 것은 절대 아니다. 예를 들어보자.

우쿨렐레가 배우고 싶은 민우는 작은 동호회에 가입했다. 초보자를 위한 연습모임이 있는 날, 어색함을 무릅쓰고 모임장소인 작은 카페로 찾아갔다. 서너 명이 모여 있는 줄 알았는데 십여 명이 넘는 사람들이 모여 있었다. 우쿨렐레를 연습하는 사람, 가르치는 사람, 노래 부르는 사람 등 각자의 일에 몰두하고 있었다. 동호회 운영자가 민우를 보더니 환하게 웃으며 동호회 사람들에게 소개를 시켜주었다.

"잠시만요. 오늘 새로 오신 김민우 씨예요. 닉네임은 '렐레좋아'입니다. 오늘 처음 오셔서 우쿨렐레를 전혀 모르신답니다."

잠깐 말을 멈춘 동호회 운영자, 민우는 갑자기 긴장이 됐다. '아무것도 모르는 나를 귀찮게 여기는 건 아닐까?' 계속해서 동호회 운영자가 민우를 소개했다.

"완전 초짜시니까 여러분들이 처음부터 잘 가르쳐주셔야 해요. 우리도 처음에는 어려웠다는 것을 기억하고 돌봐주세요."

그야말로 솔직함이 가득한 소개다. 맞다. 민우는 초짜이고 서투르다. 그렇다고 누군가 이를 있는 그대로 말한다면 과연 솔직한 말투를 제대로 사용한 것이라 할 수 있을까? 장담컨대 운영자의 소개를 들은 민우는 더욱 주눅 들었을 것이다. 더 어색해졌고, 더 초조해졌을 것이다.

'아, 이제 누군가 나를 가르쳐줘야 하는데 미안해서 어쩌지?'

'틀릴 때마다 속으로 무시하는 거 아냐?'

운영자가 솔직하게, 나름 위한다고 소개를 했지만, 오히려 상대방과의 관계를 좁히지 못한, 벽이 느껴지는 말투를 사용한 셈이다. 이런 잘못된 혹은 단순하기만 한 솔직함보다는 좋은 면을 찾아내어 말해주는 방법으로 소개했어야 했다.

"우쿨렐레는 처음이시지만, 가입신청서를 보니 이미 기타를 치셨던 분입니다."

"초보자시지만 우리 모임을 SNS에 알려주신 분입니다."

무작정 솔직한 말투는 오히려 상대와의 관계를 해칠 수 있음을 기억하자. 물론 쉽지는 않다. 상대방에 대한 관찰이 있어야 하고, 상대방의 자존감에 대한 배려가 있어야 가능한 말일 것이다. 그러나 잘못된 솔직함으로 더 이상 관계를 해치고 싶지 않다면 이제 '긍정적 측면을 언급하는 솔직함'의 말투로 대화하는 습관을 길러보자.

# 말투에도 메이크업이 필요하다

똑같은 내용을 말하더라도 누가 말하느냐, 어떻게 말하느냐에 따라서 대화의 효과는 전혀 다르게 나타난다. 우선 '누가 말하느냐'의 문제다. 같은 말이라도 사장이 말하는 것과 신입사원이 말하는 것은 전혀 다른 영향력을 보이게 된다. 당신은 떡볶이집 사장일 수도 있고 카페 알바일 수도 있으며 중소기업의 이사일 수도 있다. 주어진 사회적 위치 속에서 좀 더 나은 사람이 되는 것, 말투를 다르게 하는 것만으로 얼마든지 가능하다. 그냥 떡볶이집 사장이 아니라 '친절한' 떡볶이집 사장, 그냥 카페 알바가 아니라 '성실한' 카페 알바, 그냥 중소기업 부장이 아닌 '배려심 가득한' 중소기업 부장이 될 수 있다. 예를 들어보자.

**그냥 떡볶이집 사장:** "만 원입니다."
**'친절한' 떡볶이집 사장:** "맛있게 드셨어요? 1만 원입니다."

**그냥 카페 알바:** "주문하시겠습니까?"
**'성실한' 카페 알바:** "기다리느라 불편하셨죠? 주문하시겠습니까?"

**그냥 중소기업 부장:** "잘하셨습니다!"
**'배려심 가득한' 중소기업 부장:** "이 모든 성과는 김 대리 덕입니다. 잘하셨습니다!"

상황에 맞는 말을 선택함으로 '그냥 나'를 '좀 더 나은 나'로 만드는 말투를 '메이크업Make up' 말투라고 한다. 누군가에게 신뢰를 주는, 또 다른 누군가에게는 존경받을 만한 자격이 있는 사람으로 나를 만들어주는 말투다. 누군가와 좋은 관계를 맺고 싶다면, 신뢰를 얻고 싶다면, 말투를 '메이크업'해야 한다.

말투는 하나씩 좋은 방향으로 만들어가는 과정 속의 산출물이다. 예를 들어 당신이 조직의 중간관리자, 즉 팀장이라고 해보자. 회의 시간에 "회사 비용을 함부로 쓰는 것은 옳지 않습니다. 앞으로 조심합시다"라고 팀원들에게 경고했다. 부하직원의 반응을 봤다. 아마 열에 아홉은 "…", 즉 침묵으로 대답을 대신할 것이다. 한두 명 정도만이 "네, 알겠습니다"라고 기어들어가는 소리로 말할 것이다.

이럴 때 당신의 말투부터 살펴봐야 한다. 억압적인 분위기에서 무거운 얘기를 일방적으로 전달했다면 당신은 팀원들과의 소통에 이미 실패한 것이다. 침묵하는 팀원들, 긍정도 부정도 아닌 "네, 알겠습니다"라는 팀원들의 대답을 들었다면 자신의 말투를 되돌아봐야 한다. 그리고 개선해야 한다. 어떻게 개선할 것인가. 수많은 방법들이 있겠지만 여기서는 다음의 '메이크업' 말투 3단계를 추천하고자 한다.

**1단계 반성의 말투: 자기 자신의 과거 문제를 언급한다.**

"저 역시 과거에 회사 비용 규정에 대해 숙지하지 못해서 잘못 사용한 경우가 있습니다."

**2단계 개선의 말투: 반성에 구체성을 담는다.**

"교통비의 경우 정해진 범위 내에서 사용해야 하는데 출장이 잦다고 규정보다 10퍼센트 초과해서 요청했었어요. 규정을 숙지한 다음부터는 절대 실수하지 않습니다."

**3단계 방향성의 말투: 방향성을 제시하되 상대를 진심으로 위하는 마음으로 해야 한다.**

"후배인 여러분이 규정에 대한 이해 부족으로 다치지 않았으면 해요. 그래서 말씀드린 겁니다. 회사의 비용을 사용할 때는 늘 조심해서 확인하고 사용하도록 합시다."

리더인 팀장 스스로 먼저 자기반성에서 시작하는 말투를 사용한다면 부하직원들로부터 신뢰를 얻을 것이다. 믿을 만한 선배로서 관계의 개선에도 도움이 될 것이다. 어색할 수도 있다. 그러나 생각해보자. 우리는 아침마다 단정한 모습을 보이기 위해 세수도 하고 빗질도 한다. 그런데 정작 인간관계를 결정하는 대화의 현장에서 말투를 제대로 잡는 것을 게을리해서야 되겠는가. 대화를 하기 전에 내가 존경받고 신뢰받을 만한 사람이라는 것을 증명할 '메이크업' 말투를 준비하는 것, 어색한 게 아니라 당연한 일이다.

그 무엇이라도 좋다. 누군가에게 조금이라도 부담이 될, 기분 나쁘게 할 수도 있을, 걱정을 하게 할, 그런 말을 해야 할 상황을 머리에 그려보자. 그것을 문장으로 정리해보자. 이제 그 문장을 메이크업 말투에서 확인한 3단계 프로세스, 즉 반성, 개선, 방향성을 염두에 두고 다시 구성해보라.

# '아는 척'보다는
# '알아도 모르는 척'

엘리베이터를 탔다. 잠시 후 한 남자가 무표정한 얼굴로 엘리베이터를 탔다. 자신이 갈 층을 누르고 아무 말 없이 자신의 휴대폰을 쳐다본다. 이 남자에게 말을 건네고자 한다. 어떤 말을 해야 할까? 그 어색함을 한번 상상해보자.

실제로 대화 현장에서 수없이 겪는 상황이다. 대화의 상대방이 특별히 친한 사람이 아닌 경우가 많다. 같은 팀에 근무하는 사람임에도, 같은 동호회에서 함께했던 회원임에도, 막상 단 둘이 말을 해야 할 상황이 발생하면 그 어색함에 막막해지는 순간을 너무나도 많이 겪고 있다.

할 말도 없고, 어떻게 말해야 할지도 난감할 때 우리가 믿을 것은 오직 말투밖에 없다. 어떤 주제로도, 누구와 상대하더라도 대화를 이어나갈 수 있는 말투를 평소에 준비해야 한다. 대화에서 어떤 문제가 발생하더라도 현명하게 대처할 수 있는 그런 말투 말이다. 이때 보통 우리들은 상대방에 대한 사전지식이 충분해야 할 것이라 생각한다. 대화하기 위해선 상대방의 나이를 알고, 학력도 파악해야 하고, 취미와 가족관계도 알아두면 좋다고 생각하는데, 과연 그럴까?

상대방에 대한 사전지식이 대화에 무조건 긍정적인 역할만 하는 걸까? 교육심리학적 입장에서는 사전지식을 '학생이 학습될 주제나 교과 내용에 관해 이미 알고 있는 것으로서의 지식'이라고 한다. 이 정의에 따르면 사전지식은 단지 '지식'일 뿐이다. '지혜'가 아니다. 대화는 상대방과 원활하게 의사소통을 할 수 있어야 하는 지혜이지, 무슨 프로세스나 단계를 거친다고 무조건 성공하는 지식이 아니다. 게다가 사전지식은 자기 자신이 겪어보지 않은, 타인의 극히 개인적인 경험에 대한 편견일 가능성이 크다. 결혼 준비를 하다가 파혼하게 된 상대에게 "결혼 준비 잘되나 봐요? 얼굴이 좋아 보이네요"라는 섣부른 인사를 건넸다고 생각해보라. 아찔하지 않은가. 이 외에도 잘못된 사전지식으로 대화에 임하려다가 분위기를 망치는 경우도 여럿 봤다.

'잘 알지도 못하는' 사전지식으로 상대방과 섣불리 대화를 시도하기 전에 앞에 있는 대화의 상대방을 있는 그대로 관찰하려는 노력이 훨씬 효과적이다. 상대를 관찰하고 그것을 통해 배려하는 마음으로 대화를 진행하는 말투가 필요하다. 잘 알지도 못하면서 섣불리 상대방에 대해 아는 척하는 말투는 잘못하면 큰 화를 가져올 수 있기 때문이다.

그렇다고 사전지식을 아예 외면할 필요는 없다. 적당한 순간에 잘 사용하면 원하는 것을 얻고 상대방과의 관계를 발전시키는 데 도움이 되니 말이다. 예를 들어 사전지식을 통해 알고 있는 사실에 대해 전혀 모르고 있다는 느낌으로 물어보는 말투, 즉 '알아도 모르는 척' 말투가 바로 그것이다. 상대방의 이야기를 이끌어내는 데 간접적이지만 매우 효과적인 방법이다.

가까운 사람 중에 베테랑 영업사원이 있는데 늘 우수한 실적을 낸다. 특히 부러운 것은 그가 고객들과 맺은 관계의 깊이다. "영업사원 바뀌면 이 회사와 거래하지 않겠다"라는 말을 들을 정도라니 대단하다. 그런 그에게 들은 얘기가 있다. 그가 맡고 있는 고객 담당자 중에 골프 마니아가 있단다. 누군가에게 그 고객 담당자가 최근 라운딩에서 홀인원을 했다는 말을 들었다. 그 말을 듣고 얼마 있지 않아 고객을 방문하게 되었다. 자, 여기서 잠깐, 당신이 영업사원이라면 어떻게 말할 것인가.

"실장님, 지난주에 홀인원 하셨다면서요? 한턱내셔야죠?"

이 대화의 중심은 홀인원이 아닌 한턱에 있다. 그러나 홀인원의 기쁨에 대해 상대방은 좀 더 말하고 싶을 것이다. 당신은 이 감정을 무시하고 다음 단계를 바라보고 있는 셈이다. 한턱에 초점이 맞춰지면서 정작 고객이 자랑하고 싶은 홀인원에 대해서는 말할 기회를 빼앗은 것과 같다. 한턱낼 일정에 대해 얘기하고 나면 그 대화는 거기서 끝이다.

영업사원은 고객과 많은 대화를 할 수 있어야 한다. 그게 영업사원의 능력이다. 고객과 좀 더 많은 대화를 나눌 수 있는 기회를 놓쳐버린 영업사원은 그저 그런 영업사원일 뿐이다. 그렇다면 영업의 고수라는 그 베테랑 영업사원은 어떻게 말했을까.

"맞다. 실장님도 골프 좋아하시죠? 저는 언제나 홀인원 한 번 해볼 수 있을까요?"

그 실장님, 잠시 뜸을 들이더니 이렇게 말했다고 한다.

"홀인원 아직 못해보셨군요. 음, 근데 사실, 제가 지난주 라운딩 때 홀인원을 했는데…."

회 한 접시를 놔두고 끝도 없는 대화를 이끌어냈단다. 물론 그 과정에서 그동안 몰랐던 고객의 성향, 감정 및 고객이 추가로 필요로 하는 상품 등에 대해서도 알게 되었고, 고객과의 인간관계도 보다

돈독해졌을 테다. 그 대화시간 동안 베테랑 영업사원이 한 것이라곤 "아, 그래요?", "오, 멋져요!"라는 감탄의 리액션뿐이었단다.

아는 척을 잠시 내려놓을 여유가 있다면 우리는 대화를 통해 많은 것을 얻어낼 수 있다. 사전지식, 물론 중요하다. 하지만 간신히 얻은 사전지식을 '모든 걸 다 알고 있다'는 말투로 표현하는 순간 그 효과는 반감된다.

상대방에 대해 알고 있는 사전지식이 있는가. 알고 있는 사전지식도 모른 척하고 표현하는 말투, 즉 '알아도 모른 척' 말투의 힘을 느껴보시길. 자, 상대방이 자랑하고 싶을 만한 것 한 가지를 머리에 떠올려보자. 이제 그것을 미처 몰랐던 것처럼 상대방에게 물어보라. 단, 섣불리 개입하지 말 것!

# 마음의 벽을
# 허무는
# 긍정탐구 말투

    한 상담사가 게임 중독 초기의 고등학교 2학년 학생을 상담하게
되었다. 상담실 문을 박차고 들어온 남학생과 상담을 진행하는 상
담사의 대화다.

    "게임 시간이 많다고 엄마가 걱정하더라."

    "…."

    "하루에 게임 얼마나 하니?"

    "(머뭇거리다) 세 시간이요."

    "(놀라는 표정으로) 세 시간? 뭐야, 세 시간이면 그리 많이 하는 것

도 아니네."

"네?"

대화의 방법론 중 '반대편에 서지 않기'라는 게 있다. 특히 자녀 등과의 대화에서 유용한 방법론이다. 위의 사례를 보자. 학생은 이미 부정적 마음으로 가득 차서 상담실 문을 불만스럽게 열고 들어왔다. 자신은 할 거 다 하고 게임한다고 생각하는 학생, 시도 때도 없이 일방적으로 하지 말라고만 하는 엄마, 거기에 상담까지 받으라고 하니 이 학생의 스트레스는 이미 극에 달한 상태다. 누군지 몰라도 상담할 사람과 만나면 아무 말도 하지 않든지, 반대로 고래고래 소리나 지르다 나오고 싶은 상황이다.

그런데 어라, 상담사가 오히려 자신의 상황을 인정해준다. 그뿐 아니라 내 상황이 그리 심각한 상황이 아니라고까지 말해준다. 엄마 편인 줄 알았는데 내 편이다. 이렇게 되면 미안한 건 바로 학생이다. 대화는 자연스레 이어진다.

"세 시간 정도면 적당한 거 아니니?"

"네? 음…."

"그렇게 많은 시간은 아닌 거 같은데 엄마가 너무 민감하시다. 그치?"

이쯤 되면 학생의 마음속에는 다음과 같은 말이 떠오를 것이다.

'음… 이제 고3 되는데 세 시간이면 좀 많긴 하죠.'

상담 시작 후 5분 만에 상담사는 대화의 목적을 달성했다. 이미 학생의 마음에는 변화의 의지가 싹트고 있을지도 모르겠다.

미국의 한 경영학자가 '긍정탐구Appreciative Inquiry'라는 방법론을 창안했다고 한다. 문제보다는 해결책에 중점을 두며, 장점을 극대화해 약점이 의미가 없도록 하는 솔루션이다. 이 방법론은 "당신의 문제는 무엇입니까?"라는 식으로 어둡게 시작하지 않는다. 오히려 긍정적인 기억과 최고의 순간을 떠올리는 데 집중하는 질문을 던진다.

"당신이 기억할 만한 최고의 순간은 언제였고 무엇이었습니까?"

"당신이 갖고 있는 최고의 장점 세 가지는 무엇입니까?"

"당신이 있는 조직의 사람들이 가장 열정적으로 일할 때는 언제였고 그것을 가능하게 한 요인은 무엇이었습니까?"

누군가에게 힘을 주고 싶은가. 그렇다면 섣불리 문제에 뛰어들기 전에 상대의 입장에 적극적으로 동의하고, 그 과정에서 대화를 이끌어내되, 결국 자신의 장점을 스스로 찾아내어 현재의 문제 상황을 자각하게 만들 수 있는 긍정탐구의 말투를 사용하라. 상대방에게 희망을 주며 소망을 이루게 해주는 기분 좋은 말투다.

# 언제 어디서나
## 통하는 말,
## "당신을 믿습니다"

부모님은 늘 아이들에게 많은 말을 하기 마련이다. 혹시 당신의 부모님이 당신에게 한 말 중 기억나는 게 무엇인가.

"공부해라."

"차 조심 해라."

"사이좋게 지내라."

"끼니 거르지 마라."

뭐, 이 정도 아닐까? 사실 이런 일상적인 말이 아닌 마음을 따뜻하게 하는 말들도 많았을 것이다. 당신의 감정을 훈훈하게 만들었던 부모님의 말을 다시 떠올려보자. 나 역시 부모님에게 혼도 많이 나고 "공부해라", "밥 먹어라", "싸우지 마라" 등의 부정적인 말들도 많이 들었다. 그와는 달리 내가 세상을 살아갈 때 크게 어긋나지 않도록 한, 나를 믿어주는 긍정의 말들도 많이 해주셨다. 그중 아직도 나의 삶에 영향을 끼치는 말이 있다. 바로 이것이다.

"엄마는 범준이를 믿는다."

"범준이는 그냥 놔둬도 자기가 알아서 한다니까."

"범준이를 믿지, 누구를 믿겠니."

믿는다. 누군가로부터 믿는다는 말을 듣는다는 것만큼 뿌듯한 일이 또 있을까. "감사합니다", "고맙습니다" 등의 인사를 듣는 것만으로도 가슴이 벅찬데 상대방에게 "믿는다"라는 말을 듣는 것은 얼마나 즐거운 일인가. 지금까지 살면서 위기의 순간마다 나를 잡아준 것은 바로 어렸을 때 들었던 "엄마는 범준이를 믿는다"라는 신뢰의 말이었다.

세상의 기준에 어긋나는 일을 하다가도, 모든 것이 귀찮고 힘들어서 포기하고 싶을 때도, 그 순간마다 나를 잡아준 건 어머니의 전폭적인 신뢰가 담긴 그 말 한마디였음을 고백하면서 나 역시, 그리고 이 책을 읽는 당신 역시 누군가에게 힘이 되어주는 사람이 되었으면 좋겠다는 생각을 한다.

누군가에게 힘을 주고 싶은가? 소망을 주고 싶은가? 희망을 선

물하고 싶은가? 그렇다면 상대방과 대화할 때 상대방을 전폭적으로 신뢰하는 말투로 소통하라. "믿는다"라는 말이 대표적이다. 상대에게 자신감을 심어주며 결국에는 인생의 승리자가 되도록 만들어주는 마법과도 같은 말투다.

우리의 말투를 돌이켜보자. 과연 내 주변의 누군가에게 전폭적으로 신뢰를 보여주는 말투를 사용해봤는지. 오늘 하루 내가 했던 말 속에서 누군가에게 믿는다는 말을 한마디라도 했다면 당신은 누군가를 성장하게 만드는 계기를 만들어준 셈이다. 이제 어떻게 하면 이런 말들을 좀 더 잘할 수 있을지 고민해보자.

"나는 당신을 믿는다"라는 말은 사실 추상적인 느낌이 든다. 좀 더 효과적으로 사용하려면 추상적인 느낌의 말보다는 좀 더 구체적으로 말하는 것이 좋다. 상대방의 행동을 관찰하고 그 행동에 대한 당신의 믿음을 보여주는 말투를 사용해보라. 예를 들어보자.

"너는 작은 것까지도 세심하게 다룰 줄 아는 사람이야."

"넌 끝까지 해내고야 마는 인내심 있는 친구라 늘 믿음이 가."

이 말들을 자세히 살펴보자. 모두 상대방의 행동에 관심을 갖고 그것을 찾아낸 후 전적으로 신뢰하겠다는 말투다. 대단한 말들이 아니다. 고도의 커뮤니케이션 기법이 필요한 것도 아니다. 그럼에도 불구하고 우리가 평소에 잘 사용하지 않는 말들이다. 어색해서일까? 게을러서일까? 아니면 괜히 오글거려서일까? 상대방의 작은 것 하나를 찾아내어 그것을 전적으로 믿고 신뢰하겠다는 말투로 소통하는 것, 상대방이 기뻐하는 것 그 이상의 벅찬 감동이 당신에게 스며들 것이라 확신한다.

# 다름을
# 인정하는 순간
# 상대의
# 말문이 열린다

맛있는 음식을 찾아다니며 먹는 걸 즐기다 보니 나는 주위에서 미식가로 불리기도 한다. "김범준이 추천한 회식 장소는 믿을 만하다"라는 소문이 어찌어찌 퍼지다 보니 부서의 회식 장소 정하는 건 대부분 나의 몫이다. 선배들도 항상 내가 제안하는 장소에 100퍼센트 찬성표를 던졌다.

그러던 어느 날이었다. 부서에 좋은 일이 있어 미뤘던 회식을 급작스레 진행하게 되었다. 당연히 시선은 나에게 모였고, 나는 기다렸다는 듯이 평소에 찜해놨던 장소를 추천했다.

"자연식 요리를 하는 곳이에요. 분위기도 좋고, 깨끗하고. 매번 기름진 음식을 먹었으니 오늘은 신선한 샐러드로 건강식을 먹는 건 어떨까요?"

역시나 반응이 좋았다.

"그래, 우리도 이제 몸 생각해야 할 나이잖아. 김 차장이 낸 의견 좋다."

"역시 김 차장이야."

고참 선배들 역시 내 제안에 찬성하며 거들어주셨다. 기분이 좋아졌다. 예기치 못한 말을 들은 건 그때였다. 바로 위 선배가 한마디 툭 던졌다.

"김 차장, 자신의 의견을 너무 강요하지 마!"

말문이 탁 막혔다. '왜지? 평소에 별 말씀 없으셨는데 갑자기…' 라는 생각이 들었다.

"왜요? 별로세요? 진짜 괜찮은 곳인데. 제가 완전 만족한 곳이에요"라고 말하는 순간, 한마디 덧붙인다.

"아니, 나도 좋아. 그런데 다른 사람들 생각도 한번 해야지."

'아, 그렇구나!'

나는 내 생각이 선배들의 취향에만 맞으면 되는 줄 알았다. 후배들의 의견은 미처 물어보지 못했다. '내가 선배니 너희들은 따라오기나 해!'와 다를 바 없는 태도였다. 평소에 회식 자리를 정하면 아무 소리 없이 참석해오던 후배들의 표정을 보지 못한 건 실수였다. 아무리 채소가 몸에 좋더라도, 당근이나 브로콜리보다는 곱창을 더 좋아하는 사람도 있을 텐데 말이다. 나와 다름을 인정하는 말투를 사용했어야 했다. 나와 다름에 대한 기본적인 인식도 없는 상태에서 했던 나의 말, 설령 그 말이 100퍼센트 옳은 말이라고 해도 나의 대화 과정, 그리고 말투는 잘못된 것이었다.

당연한 것은 세상에 하나도 없다. 나와 같은 상식을 가진 사람은 세상에 단 한 명도 없다. 너와 나에게 공통된 상식이란 없다고 생각하고 말하는 게 제대로 된 말투를 사용할 수 있는 기본이다. 나의 말이 누군가에게 상처로 다가가지 않도록 하는 최소한의 기준이다. 다음과 같이 말했다면 어땠을까?

"자연식 요리를 하는 곳이에요. 분위기도 좋고, 깨끗하고. 매번 기름진 음식을 먹었으니 오늘은 건강식을 먹는 것도 좋을 것 같은데, 이건 제 생각이고, 혹시 다른 의견 있으시면 말씀해주세요. 특히 우리 후배들, 다른 아는 곳 있으면 추천 좀 해줘. 나는 많이 갔던 곳이라 좀 지겹기도 하고."

다름을 인정하는 말투는 상대방으로부터 대화를 이끌어내는 힘이 된다. 다름을 인정하면 자신의 의견에 대한 겸손이 말투에 저절로 배어나오게 된다. 이런 말투를 사용하는 사람과는 대화를 이어가고 싶으며 자신의 의견도 적극적으로 내게 마련이다.

소통은 바로 이런 것이다. 일방향이 아닌 쌍방향의 커뮤니케이션을 원한다면 먼저 나와 상대가 다름을 인정하고 상대에게 다른 의견이 있을 수 있음을 고려하며 대화를 시작해야 한다.

# 내성적인
# 사람에게
# 건네면 좋은 말

 

누군가 내가 가진 것을 인정해주는 말을 들으면 고마운 마음이 절로 든다. 특히 약점이라고 스스로 생각하고 있던 부분에 대해 누군가 그것은 약점이 아닌 강점이라고, 그저 당신의 특징일 뿐이라고 인정하고 칭찬해주면 눈물이 날 정도로 고맙다. 당신 역시 마찬가지 아닐까? 당신도 약점이라고 생각되는 것이 분명 있을 것이다.

나는 내성적 성향의 사람이다. 그렇다 보니 사람들에게 늘 "소심하다", "박력이 없다"는 식의 말을 많이 들어 주눅이 들 때도 많았다. 어렸을 때 엄마는 나에 대해 이렇게 말하곤 하셨다.

"범준이는 내성적이야. 남자애가 왜 그렇게 부끄러움을 타는 거니."

수십 년이 지난 지금, 나는 이렇게 말하고 싶다.

"부끄러움은 내성적이라는 말과 동의어가 아니에요."

'내성적인 성향을 있는 그대로 인정해주고 응원해주셨다면 더 좋았을 텐데' 싶은 마음에 솔직히 아직도 아쉬운 마음이 크다. 《마음을 스캔하다》(경향신문사, 2014)라는 책을 보면 "수줍고 비사교적이면 내성적, 사교적이고 활발하면 외향적이라고 하는 것은 일상적 표현일 뿐 학문적 개념은 아니다"라는 문장이 나온다. 아울러 "내향과 외향은 특징일 뿐 어느 하나가 다른 것에 앞서는 성향이라고 일방적으로 말할 수 없다"고 단언한다.

내향과 외향의 구분은 한 사람의 중요한 행동과 판단을 결정하는 생각과 감정의 무게중심이 '나 자신(주체)'을 향하면 내향이고 '나 이외의 외부대상(객체)'을 향하면 외향이라는, 기준의 차이일 뿐이다. 그 이상의 기질적 우월성은 없다.

그럼에도 불구하고 여전히 나와 비슷한 성향의 사람들을 내성적인 사람이라고 말한다. 내성적이라는 단어를 수줍음, 부끄러움과 동일시하면서 말이다. 그런 말을 듣는 사람들은 내성적이라는 사람으로 '낙인찍힌' 사람들을 보면서 고칠 수 없는 수동성, 바꿀 수 없는 소극적 성향의 사람을 떠올린다.

편견을 깨기란 얼마나 힘든가. 하지만 깨지기 힘든 만큼 한번 깨기만 하면 문제가 쉽게 해결된다는 것을 최근에 알게 되었다. 대학원을 다니던 때의 얘기다. 어느 봄날 오후였다. 교수님과 차 한잔 하는 자리에서 성격 얘기가 나왔다. 나는 고민이라며 말했다.

"저의 내성적인 성격이 불만입니다."

교수님의 표정이 인자했다. 잠시 미소를 머금더니 다음과 같이 말씀하셨다.

"내향적인 에너지가 강한 사람이군요. 세상에 대해 조심성 있게 행동하는 한편 자신의 감성을 잘 돌봐주는 사람이겠네요."

마음이 찡했다. 그렇다. 마음속으로 에너지를 조금 더 쏟고 있는 사람이었을 뿐이다. 그만큼 다른 사람의 감정에 대해서도 조심하는 사려 깊은 사람인 것이다. 왜 그동안 이렇게 강점이 많은 나의 특성을 약점이라 생각하며 스스로 개념화하고 있었던 것일까? 한편 상대방이 지닌 모습을 있는 그대로 인정해주고, 그 안에서 강점을 찾아 말해주는 사람은 얼마나 아름다운가.

상대방에게 약점이 있는가. 그것을 장점으로 바꾸어 말하려는 노력, 즉 '약점 대신 강점에 집중하는' 말투를 사용하는 사람들이 많아진다면 콤플렉스에서 벗어나 많은 사람들의 자존감이 높아질 것이다.

이제 상대방이 자신의 약점에 대해 말하는 상황이 있다면 즉시 응답하려 하지 말고 잠깐이라도 생각을 해보자. 그리고 상대방의 약점을 강점이라고 할 수 있는 논리를 찾아보자. 그리고 그것을 말해줘라. 감동에 찬 상대방의 눈빛을 느낄 수 있을 것이다.

## 상대의 고민에는 반복적으로 리액션하라

아이가 엄마에게 달려왔다. 의기양양하다.

"엄마, 나 숙제 다 했어!"

당신이 엄마라면 이 아이에게 어떻게 말해줄 것인가.

① "내일 배울 거 예습은 했어?"

② "그래서? 또 어디 나가서 놀려고 그러는 거지?"

③ "그럼 이제 세수하고 잘 준비해!"

④ "그래? 숙제하느라 고생했네!"

④와 같은 말로 대답을 시작해야 한다. 하지만 솔직히 내가 엄마라면? ①을 사용했을 것 같다. 남의 수고를 당연시하는 말투, 바로 그렇게 말하는 것에 나 역시 익숙해 있다. 고백하자면 나부터도 이 못된 말버릇을 고치기 위해 나름대로 노력하고 있다. 물론 쉽지는 않다.

얼마 전 한 친구를 만났다. 신세 한탄을 한다. 직장과 대학원을 병행하느라 지쳤단다.

"회사에서는 대학원 가는 걸 싫어해서 출석하기도 힘들고, 대학원은 직장 사정을 봐주지도 않고… 도대체 논문을 쓸 수 있을지 모르겠어."

이때 당신이라면 어떻게 말해주겠는가.

"야, 너만 힘드냐? 나도 힘들어. 원래 인생은 고통의 연속이야."

"회사 다니면서 공부하는 게 그럼 쉬울 줄 알았어?"

이렇게 반응한다면 더 이상 대화는 이어지지 않는다. 상대는 더 이상 자신의 고민을 털어놓지 않을 것이다. '당연시하는' 말투는 상대방과의 대화를 단절시키고 관계에 흠집을 내는, 반드시 고쳐야 할 말투다. 다음과 같이 단계별로 연습해보자.

**1단계 감정에 대한 반복 응대:**

"아, 그래? 요즘 많이 힘들어?"

아마 상대방은 "응. 정말 힘들어"라고 할 것이다. 여기서 멈추면 대화는 발전적으로 이어지지 않는다. 이제 2단계로 들어가자.

**2단계 상대방의 구체적 문제에 대해 반복의 리액션:**
"회사 다니면서 대학원 논문 쓰는 게 진짜 힘든 일인가보다."

됐다. 딱 여기까지만 말할 수 있어도 당신은 제대로 된 말투를 사용할 줄 아는, 상대방의 어려움에 대해 당연시하는 말투를 사용하지 않는 '말투의 달인' 자격이 있다. 상대방의 감정과 문제에 대해 반복해서 확인하고 리액션을 해주고 나면 상대방은 다음과 같이 말할 것이다.

"맞아. 공감해주니 고맙네. 사실 그래서 말인데…."

이제부터는 자기 스스로 해결책을 찾아 나서려는 노력을 하기 시작할 것이다. 당신의 말은 상대의 마음속에 잠재하고 있었던 가능성을 찾아내고 궁극에는 성장을 촉진시키는 말투였던 셈이다.

하나 더, 여기서 상대방과의 관계를 극적으로 향상시키면서도 상대방이 스스로 자신의 길을 찾아 궁극적으로 좋은 결과를 가져오게하는 말투가 있으니 바로 '일타쌍피' 말투다. 말 하나로 나와 상대방의 관계는 물론 상대방 스스로의 성장에도 기여하는 말투. 다음과 같이 말하는 거다.

"너니까 이렇게 직장과 공부를 병행할 수 있는 거야. 나 같으면, 아니 웬만한 사람이라면 엄두도 내지 못할 거야. 네가 내 친구라는 게 자랑스럽다!"

# 과거 경험을 이용한 설득의 심리학,
# 면역 효과

미국의 사회심리학자 맥과이어Mcguire는 메시지를 전달받는 수신자의 과거 경험이 설득에 중요한 역할을 한다는 사실을 밝혀냈다. 이른바 면역 효과Inoculation Effect로 예방접종 효과라고도 한다. 즉 쉽게 설득당하지 않으려면 사전에 약한 설득 메시지에 노출되는 경험이 있어야 한다는 것이다. 미리 약한 설득 메시지를 들으면서 면역 기능을 길러주면, 나중에 강한 설득 메시지에 노출되더라도 쉽게 설득되지 않는다는 것이다.

강한 바이러스가 신체에 치명적인 손상을 주듯이 강한 설득 메시지는 더 많은 태도 변화를 일으킨다. 그래서 예방주사를 맞은 사람이 항체를 형성해 이후의 강한 바이러스에 저항하듯이 미리 약한 메시지를 받으며 메시지에 면역성을 키운 사람들은 강한 설득 메시지에도 잘 저항한다. 그렇다면 어떤 사람들이 설득이 더 잘될까?

첫째, 공격적인 사람들은 처벌적 커뮤니케이션에 더 영향을 받지만 공격적이지 않은 사람들은 관대한 커뮤니케이션에 더 영향을 받는다.

둘째, 어떤 조건에서 설득이 잘되는 사람들은 그렇지 않은 사람들보다 다른 장면에서도 설득이 잘되는 경향이 있다.

셋째, 자존심이 낮은 사람들은 높은 사람들보다 설득이 잘된다. 자존심이 낮은 사람들은 자신의 태도를 변화시키는 것을 부담스럽게 생각하지 않는다고 한다. 그래서 조금만 위협받아도 자신의 태도를 변화시키기가 쉽다.

넷째, 지능이 높은 사람들은 비판력 있게 정보를 받아들이기 때문에 설득이 잘되기도 하고, 반대로 안 되기도 한다. 지능이 높은 사람들은 논리적이고 일관성 있는 주장에는 설득이 잘되지만, 지능이 낮은 사람들은 오히려 복잡하거나 난해하지 않은 주장들에 설득이 잘된다. 다시 말해 메시지가 어떤 종류냐에 따라 지능이 영향을 미친다.

마케팅에서는 면역효과를 이용해 '머리부터 들여놓기 기법Face in the door Technique'과 '발부터 들여놓기 기법Foot in the door Technique'으로 사람들을 설득하기도 한다.

'머리부터 들여놓기 기법'은 어린애들이 엄마에게 우선 비싼 것을 사달라고 떼쓰다가 그것이 안 되면 그것보다 좀 싼 것을 사달라고 하는 식으로 무리한 부탁을 먼저 해서 나중에 제시한 작은 요구를 들어주게 하는 방법을 말한다.

'발부터 들여놓기 기법'은 그와 반대로 작은 요구에 응하게 하여 나중에는 큰 요구를 들어주게 하는 방법으로 외판사원들이 많이 쓰는 영업방법이다.

면역 효과, 그리고 이를 활용한 두 가지 설득 기법을 잘 기억해두자. 설득의 상황에서 요긴하게 써먹을 수 있을 것이다.

# 3장

## 일도 관계도 한결 좋아지는
## 말의 습관

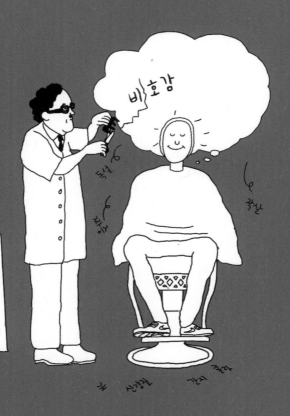

# 카페에서
# 하면 좋은 말
## VS
# 회의실에서
# 하면 좋은 말

"지금 분위기 안 좋아. 나중에 보고해."

직장인이라면 누구나 한번쯤은 들어봤을 말이다. 우리의 일상을 돌아보자. 내가 하려는 말이 반론의 여지가 없는 확실한 내용의 말이라 하더라도 듣는 상대방의 기분이 좋지 않으면 '씨알도 먹히지 않는' 경우가 많다. 대화 내용이 듣는 사람의 기분, 말하는 사람의 지위, 때로는 인품 등에 밀리는 것이 세상의 이치다. "아무리 생각해도 내 의견이 맞는데 도대체 통하질 않아!"라고 한탄하는 당신이라면 되돌아봐야 할 것은 내용의 옳고 그름이 아니라 상대방의 기분에 대한 파악, 즉 대화를 지배하는 분위기를 파악하는 것이다. 상대방이 어떤 기분인지, 또 그 사람 주변의 분위기가 어떠한지 모른다면 대화를 통해 얻는 것보다 잃는 게 더 많을 수 있다. 그러니 대화의 시작은 다음과 같은 '탐색의 대화'로 시작할 것을 권한다.

"부장님, 지금 혹시 잠시 시간 괜찮으세요?"

"실장님, 말씀드릴 게 있는데 점심시간 지나고 찾아뵈어도 될까요?"

대화의 승패를 좌우하는 것은 진실한 내용 혹은 치밀한 논리가 아니다. 논리의 옳고 그름보다 상대방의 기분을 먼저 파악하는 것이 우선이다. 상대방의 분위기를 파악하기 위해 노력하는 말투는 듣는 사람에게 '아, 이 사람이 나와 대화하려고 노력하는구나!'라는, 은연중에 자신이 존중받고 있음을 느끼게 한다. 상대방은 기꺼이 대화에 응할 것이고, 진지하게 대화에 참여할 것이다. 그러니 누군가로부터 무엇인가를 얻으려면, 사랑받고 싶다면 먼저 상대방의 분위기를 파악하는 말투로 대화를 시작해보자.

하나 더, 분위기에 따른 말투를 적절하게 사용하는 것, 그 이상으로 분위기를 만들어내는 노력도 중요하다. 면접 장소를 머리에 떠올려보자. 굳은 표정의 면접관과 진행자, 긴장한 피면접자들…. 엄숙한 분위기에 압도되어 평소에 잘하던 말도 못하게 된다. 거기에 면접관의 질문마저 냉정하고 날카롭다면 평소처럼 말하는 것은 불가능하다. 물론 이런 상황에서조차 자신의 논리를 잘 펴고 표정과 행동을 바로잡는 사람을 골라내기 위한 게 면접이니 면접상황 자체를 뭐라고 할 수는 없다. 중요한 건 우리가 평소에 하는 대화의 장소를 굳이 면접 장소와 같은 곳을 선택할 필요는 없다는 거다.

예를 들어보자. 아이에게 해야 할 말이 있다. 공부 습관에 대해 조언을 해주고 싶다고 해보자. 보통은 다음과 같은 말로 대화를 시작한다.

"영철아, 엄마 방으로 와라! 얘기 좀 하자!"

아마 아이는 당신과 만나기도 전에 방어의 벽을 세우고 있을 것이다. 아이와 대화를 하려면, 아니 아이와의 대화를 통해 당신이 원하는 목적을 이루기 위해서는 대화의 장소에도 신경 쓸 수 있어야 한다. 아이가 마음의 문을 쉽게 열고 대화에 참여할 수 있는 분위기를 만들 수 있는 곳을 염두에 두고 대화를 시작해야 한다.

"오랜만에 엄마랑 아이스크림 먹으러 갈까?"

아이에게 하고 싶은 말이 있을 때 집이 아닌 가까운 아이스크림 가게에서 한다면 그 효과는 훨씬 좋을 것이다. 아이 역시 긴장의 끈을 잠시 늦추고 엄마와 대화할 마음의 준비를 할 수 있을 것이다.

당신이 만약 영업사원이라고 해보자. 고객사를 방문할 때 고객사의 사무실에서 미팅하기보다 카페 같은 곳에서 달달한 카페라테 한 잔을 앞에 두고 상담하는 것이 낫지 않을까. 카페에서는 대화하기

적당한 거리의 탁자가 가운데 있기에 서로 부담스럽지 않은 거리를 유지할 수 있고, 음료수가 있으니 몸짓도 어색하지 않고 부드럽게 진행할 수 있다. 또한 백색소음이라고 하는 적당히 시끄러운 상태는 대화에 대한 부담감과 긴장감을 완화시켜 훨씬 수월하게 이야기를 진행할 수 있게 한다. 오늘 누구와 대화를 해야 하는 상황이라면, "커피 한잔 하시죠?"라는 말로 약속을 잡아보자.

# 질문만 잘해도
# 거절당하지
# 않는다

상대방을 존중하는 느낌의 질문은 원하는 것을 얻기 위한 대화에 매우 적절한 방법이다. 질문이란 무엇인가. '알고자 하는 바를 얻기 위한 물음'이다. 아무 생각 없이 묻는 것은 질문이 아니다. '알고자 하는 바를 얻기 위해' 하는 게 바로 질문이다. 질문은 자기 자신을 한 단계 발전시키는 자기 성장의 비밀이기도 하다. 질문을 잘하는 사람치고 자기 반성적 성찰이 부족한 사람은 거의 없다. 물리학자인 리히텐베르크는 "지혜로 향하는 첫걸음은 모든 것에 대해 질문하는 것이다"라며 질문이 지닌 강력한 힘을 강조하기도 했다.

상대방과 대화가 힘들다면 잠시 멈춰라. 그리고 질문을 통해 대화를 풀어나갈 실마리를 찾아보자. 질문은 대화를 원활하게 만드는 윤활유와 같은 역할을 한다. 중견기업에서 임원으로 재직 중인 분이 "상사가 지시한 내용에 대해 끝까지 물고 늘어지면서 수시로 일정과 진행상황을 질문하는 부하를 보면 믿음직하다. 그런 부하의 업무 결과물에 대해서는 쉽게 승인한다. 당연하다. 이미 질문을 받고 대답하는 과정에서 하고 싶은 말은 모두 끝났기 때문이다"라고 말하는 것을 들은 적이 있다. 질문하는 과정에서 이미 모든 문제가 해결되었기에 일의 처리가 쉽게 진행된 것이다. 그뿐이랴. 질문은 특별한 대화 내용이 없어도 상대방에게 존중의 기분을 느끼게 만드는 기분 좋은 말투다. 물론 예외는 있다. 상대방에 대한 존중 따위는 염두에 두지 않는 질문도 있다.

　"이걸 일이라고 해요?"

　"정말 이것도 몰라?"

　"뭐 하자는 거야?"

　사실 이런 말투는 질문을 가장한 언어폭력에 불과하다. 상대방에 대한 존중을 담고 있어야 '진짜 질문'이다. 나를 성장시키고 상대방으로부터 원하는 것을 얻어내는 말투가 바로 질문인 것이다.

　그렇다면 질문은 어떻게 해야 하는 걸까? 하나만 기억하자. 질문은 '지금 당장' 시작해야 한다. 질문은 그 횟수만큼이나 (양적인 요소)

타이밍(질적인 요소)도 중요하다. 예를 들어보자. 상사로부터 업무를 지시받았다. 바로 그 순간 '이 업무에 대해 상사에게 질문할 것은 무엇인가?'를 고민해야 한다. 질문을 통한 피드백이 업무과정 내내 상사와 원활하게 이루어진다면 최종 업무 승인의 시간에는 상사와 특별한 커뮤니케이션을 할 필요가 없다. 왜냐하면 당신의 업무를 최종적으로 승인받기 전에 이미 잠정적으로 오케이 사인을 받은 거나 다름없기 때문이다. 이렇게 커뮤니케이션을 완결시키는 도구로 훌륭한 기능을 하는 것이 질문이다.

인생을 느낌표로 채우기 위해서는 물음표가 필요하다고 한다. 바로 질문의 중요성을 말하는 것이다. 당신이 만약 질문하는 것을 쉽게 생각했다면, 당신의 말투, 지위 등을 점검해봐야 한다. 첫째, 당신이 질문을 던지는 대상이 당신보다 힘이 없는 사람들인지 파악해야 한다. 둘째, 질문 속에 이미 당신이 원하는 대답이 있는 것은 아닌지 살펴봐야 한다. 두 가지의 경우가 당신의 질문 밑바탕에 깔려 있다면 보나마나 당신의 질문 스타일 역시 상대방에게는 폭력적으로 느껴졌을 수 있다.

질문의 장점을 좀 더 살펴보자. 질문은 전문성을 높이는 지름길이다. 타인의 의견을 공짜로 얻을 수 있다. 그렇기에 질문은 전문가로 거듭나게 만드는 강력한 말투라 할 수 있다. 또한 질문은 면피다. 일을 아무리 조심해서 하더라도 실수하는 경우가 있게 마련이다. 이때 지속적으로 상사와 질문을 통해 커뮤니케이션이 된 상태라면 면피가 가능하다. 나를 보호하는 말투인 셈이다.

이제부터 누군가와 대화를 진행할 때 평서문으로 끝난 문장 하나를 끄집어내어 질문으로 바꾸어 말해보는 것부터 연습해보자. 상대방의 반응을 살피고 다른 하나의 평서문을 또 골라 질문으로 바꿔서 말해보자. 이것을 반복하다 보면 어느새 자연스럽게 질문을 활용하여 원하는 것을 얻는 대화의 기술을 터득하게 될 것이다.

# 사이다 말투로
# 상대방의 분노에
# 동참하라

    주말을 앞둔 금요일 오전 11시. 거래처와의 약속이 깨졌다. 갑자기 혼자 점심을 먹어야 할 처지가 되었다. 대목인 점심시간에 테이블을 혼자 차지하고 먹는 건 아무래도 어색함이 뒤따르니 사람이 몰리기 전에 빨리 먹는 게 상책이다. 마침 부근에 30년 가까이 되었다는 유명한 감자탕 집이 있었다. 아직 점심시간이 시작되기 전이라 아직은 조용한 가게 문을 열고 들어섰다.

    "어서 오세요."

    자리에 앉는다. 한두 테이블에서 이른 점심을 먹는 사람들이 눈에 보였다. 가게로 전화가 온 건 그때쯤이었을 거다. 일하시는 아주머니의 전화받는 표정이 영 불쾌하다. 1층 테이블이 네다섯 개에 불과했기에 아주머니의 난감한 목소리, 그리고 대화 내용까지 파악될 정도였다. 전화를 끊으시더니 다른 아주머니에게 불만스러운 표정을 지으며 말씀하신다.

"두 분인데 2층 조용한 곳에 예약해달래. 안 된다고 해도 막무가내시네."

다른 아주머니들도 '기가 막히다'는 표정이다. 참고로 이 집은 점심시간에는 조금만 늦어도 줄을 서야 하는 그런 곳이다. 예약도 예약이려니와 이 허름한 감자탕 집에서 '조용한 곳'을 찾는 배짱이라니! 그뿐이랴. 뒤이어 이어진 아주머니의 말도 어이가 없었다.

"안 된다고 말씀드렸더니 한국 아줌마 바꿔달래."

"나 원 참."

조선족 아주머니 특유의 억양을 듣고 예약하려는 남자가 그랬단다. 내가 물어봤다.

"두 명이 오면서 2층 조용한 곳에 자리를 잡아달래요?"

"네."

그 순간 나도 모르게 "미친놈"이라는 말이 튀어나왔다. 그러자 아주머니의 얼굴 표정이 금세 밝아졌다.

"하하. 그러게요. 정말…."

말하다 말고 웃는다. 내가 말한 '미친놈'은 차마 그대로 따라 하지 못하겠나보다. 그리고 잠시 후 내가 주문한 음식이 나올 타이밍에 사이다와 달걀프라이 하나가 더 나왔다.

"서비스예요"라며 웃어 보이는 아주머니.

그 순간 누군가의 마음을 위로해줄 수 있는 방법을 하나 발견했다는 생각에 나 역시 기분이 한결 좋아졌다. 말을 한다는 것은 자신의 감정을 풀어내는 일이다. 그 과정에서 마음이 '디톡스'된다. 프로이트는 "말을 하는 과정에서 자신의 감정을 진정시키고 안정시킬 수 있다"고 말했는데 아주머니의 감정을 내가 대신 표출시켜준 것은 아닐까. 자신의 분노에 함께 공감하며 말해준 것에 고마움을 느꼈던 것 같다.

일상에도 충분히 적용해볼 수 있다. 상대방이 화가 나 있을 때, 당신은 어떤 말을 건네는 것이 좋을까? 우리는 보통 다음과 같은 말을 많이 할 것이다.

"당신이 참아."

"좋게좋게 넘어가."

"그럴 수도 있지 뭘 그래."

"듣고 보니 너도 잘한 건 아니네."

"원래 사람들이 다 그렇지 뭐."

모두 올바른 말투가 아니다. 분노한 상대방에게 이런 식의 말은 아무런 도움이 되지 않는다. 이럴 때는 다소 과격한 말 한마디가 필요하다. 상대의 감정을 풀어주는 '사이다' 말투로 상대방의 분노에 함께 동참하라.

# 때로는
# 형식을 버려야
# 원하는 것을
# 얻을 수 있다

보고서는 직장인의 영원한 숙제다. 가끔은 파워포인트를 누가 누가 잘 다루나 알아보기 위한 보고가 아닌가 싶을 정도다. 이런 기업의 실상을 파악한 한 기업의 CEO 조치가 기억에 남는다.

정태영 현대카드 부회장은 사내문서의 파워포인트를 금지한 바 있다. 이후 성과에 대해 밝힌 소감에서 "파워포인트를 금지시키고 모든 보고서를 수기 또는 엑셀로 쓰도록 했더니 파워포인트를 위해 억지로 만드는 말들이 없어졌다. 인쇄용지 소모가 대폭 줄기 시작했으며 논의가 핵심에 집중되었다"라고 말하며 장점을 소개했다.

최고 경영진이 의지를 갖고 진행하지 않는 이상 잘못된 관행을 고치기는 어려울 것이다. 나 역시 이런 상사를 둔 적이 있었다. 그분은 항상 이렇게 말했다.

"절대 파워포인트로 정리해서 갖고 오지 마세요. 머리에 담아 오세요. 편하게 얘기해주세요. 정 필요하면 이면지에 볼펜으로 몇 자 적어오세요."

그분은 보고를 위해 파워포인트를 꾸민다고 색깔 예쁘게 넣고, 그림을 삽입하고, 표를 만들고 등의 '짓'을 하지 말라고 강조했다. 보고하는 데 필요한 것은 팩트에 입각한 보고 당사자의 진심이지 화려한 보고 자료가 아니라는 거였다. 본질에, 목적에, '진짜 가치'에 집중하라는 말이다. 실제로 이분은 파워포인트의 색깔이나 잡다한 도형의 배열에 관심을 갖지 않았다. 오로지 업무에 필요한 개인들의 생각만을 논의했던 기억이 난다.

수단보다는 목적, 형식보다는 가치를 중요시하는 말투를 사용하는 모습을 보며, 그리고 실제로 행동으로 옮기는 모습을 보며 신뢰감을 갖게 되었다. 가치에 집중하는 말투 하나만으로 부하직원의 신뢰를 얻은 셈이다.

미국 메이저리그에서 활약 중인 류현진 선수의 투구 폼을 내가 따라한다고 해보자. 나는 류현진 같은 야구선수가 될 수 있을까? 아니 멋지게 스트라이크 존에 공을 꽂아 넣을 수 있을까? 아니다.

내가 할 일은 류현진 투수의 폼을 따라하는 게 아니라 우선 스트라이크 존까지 도달할 수 있는 힘을 기르는 일이다. 무작정 폼만 따라한다고 해서 나의 실력까지 최고가 되는 것은 아니다. 그 이전에 힘을 기르고, 기술을 익히며, 반성적인 자기 성찰을 통해 소위 '내공'을 기르는 게 더욱 중요하다.

직장에서의 보고 환경도 마찬가지다. 업무에 대한 기본적인 실력도 부족한 상태에서 보이기식의 보고에 익숙한 경우가 얼마나 많은가. 보고 내용 그 자체가 아닌 보고의 형식 때문에 속된 말로 '깨지는' 경우가 얼마나 많은가. 물론 디테일은 중요하다. 그것을 무시하라는 말이 아니다. 하지만 보고 내용보다 오탈자 잡는 것에 관심이 더 많은 상사를 둔 부하직원은 괴로울 수밖에 없다. 그들은 말한다.

"32쪽 두 번째 줄, 결제가 아니라 결재 아닌가요? 보고서 작성에 신경 좀 쓰세요."

"다음 페이지, 3번 항목과 2번 항목의 앞 열이 맞춰지지 않았네?"

"이 칸 색깔, 한 단계 낮은 음영으로 수정해서 다시 가져와 봐."

이런 일들은 결국 윗사람의 의지가 매우 중요하다. 앞에서 본 사례처럼 "파워포인트 사용하지 말라", "회의 들어올 때는 맨손으로 들어와라" 등의 지침이 확실하게 전달되어야 한다. 말만 하고 실제 행동은 그렇지 않으면 결국 도로아미타불이다. 하나의 예를 들어 당신이 사장이라고 해보자. 빠른 의사결정과 원활한 커뮤니케이션을 위해 불필요한 문서작업을 없애고자 부하직원들에게 "앞으로 파워포인트로 보고서를 작성하는 것에 힘을 쏟지 마세요!"라고 당부했다. 다음 회의 때 부하직원 하나가 파워포인트로 보고서를 번드르르하게 만들어왔다. 이때 당신은 어떻게 말할 것인가.

"하지 말라고 했는데… 그래도 수고했어. 고생했네!"

이렇게 말하면 당신은 한 입으로 두말하는 사람에 불과하다. 다른 사람들이 이 모습을 보면 "그것 봐. 결국 보고서 예쁘게 만들라는 말이잖아!"라며 뒷담화할 것이 분명하다. 그럴 때는 다음과 같이 말해야 한다.

"내가 보고서에 시간을 쓰지 말라고 했잖습니까! 다시는 이런 짓 하지 마세요!"

모든 사람이 있는 곳에서 눈물이 쏙 빠지게 혼을 내야 한다. 그래야 당신의 말에 힘이 실린다. 아울러 수단이 아닌 가치에 집중하는 당신을 부하 직원들이 존경하는 계기도 된다. 나 역시도 그렇다. 수단보다는 목적을 강조하는 말투를 사용하는 사람에게는 존경심이 든다. 그런 사람이라면 믿고 의지하고픈 생각이 든다. 좋은 인간관계를 맺고 싶은 마음이 생긴다. 반대로 목적보다는 수단에, 장기적 관점보다는 단기적인 수습책에 급급한 사람에게는 믿음이 생기지 않는다. 그런 사람에게는 나란 사람도 목적이 아닌 수단이, 장기적이 아닌 단기적인 인간관계의 대상일 뿐이라는 생각에 거리를 두게 된다. 당신은 수단과 목적을 구분해서 말투를 사용할 수 있는가. 그것이 당신의 말이 존경과 신뢰를 불러일으킬지 아닐지를 결정하는 기준이 된다.

당신이 대화의 상대방에게 진정 원하는 것은 무엇인가. 혹시 그것을 위해 불필요하게 해야 하는 것들이 당신과 대화 상대방 사이에 존재하지 않는가. 불필요한 형식을 버리고 본질, 가치, 핵심에 집중하는 말투를 사용하겠다고 생각하며 대화를 진행해보자.

# 구체적인 방향성이
# 상대를
# 움직이게 만든다

    나는 영업사원으로 오랫동안 근무해왔다. 당연히 수많은 고객들과 관계를 맺고 있다. 고객들과의 관계 개선과 실적 유치를 위해 많은 상사들의 도움을 받으며 일을 해왔다.

    오래전의 일이다. 지금은 퇴직한 임원 한 분과 점심식사를 하게 되었다. 영업사원 10여 명과 함께한 자리였다. 고객에 대해, 영업에 대해, 실적에 대해 이런 저런 얘기를 나누다 누군가 "A 회사를 관리 중인 영업사원입니다. 이미 경쟁사의 충성고객입니다. 도대체 파고들어갈 방법이 없습니다. 어떻게 영업을 진행해야 할까요?"라는 질문을 던졌다. 그 임원 분은 잠시 생각하더니 이렇게 말했다.

"못 먹는 감, 어떻게 합니까. 찔러라도 봐야 합니다. 경쟁사의 고객이라고 가만히 있는 것은 영업사원의 도리가 아닙니다. 오히려 충성고객일수록 더욱 적극적으로 다가서야 합니다. 고객이 경쟁사의 영업사원을 불러 '왜 당신들은 저 회사처럼 제안하지 않느냐'고 윽박지르도록 해야 합니다."

이어지는 이유에 대한 설명이 나의 안이함을 깨치게 했다. 그분의 요지는 이랬다. 그렇게 경쟁사의 영업사원이 귀찮도록 만들어야 우리 고객에 대해서 경쟁사의 영업사원이 미처 영업할 여유가 없을 것이다. 따라서 경쟁사의 이익에 반대되는 것을 실행하는 것은 현장 영업사원의 권리이자 의무라는 말이었다. 그분은 다음과 같은 말로 답변을 마쳤다.

"우리의 머뭇거리는 자세가 라이벌인 경쟁사의 이익이 됩니다. 위험을 감수하더라도 대담하게 나갑시다."

영업사원이 무엇인가라는 것에 대한 나의 관념을 고치는 계기가 된 말이었다. 관념만 고치게 한 게 아니었다. 용기가 생겼다. 그냥 바라만 보지 않고 한 번 더 움직이게 만드는 힘을 주는 말투였다.

누군가에게 힘을 주는 말투는 단순히 희망을 던져주고 꿈을 느끼게 하는 것에서 끝나는 게 아니다. 추상적인 꿈이나 소망보다는 구체적인 실행의 원동력이 될 수 있는 말투가 정답이다. 만약 당신이 조직의 리더라면 더욱 그러하다. 듣는 사람이 마음 깊은 곳에서부터 힘을 낼 수 있게 해야 한다. 부하직원이 당신의 말을 듣고, 아들과 딸, 아내와 남편이 당신의 말을 듣고 힘을 내게 만들어야 한다.

이렇게 말하는 게 쉽지는 않다. 그렇다고 딱히 어려운 일도 아니다. 자신의 경험과 상대방에 대한 애정만 있으면 된다. 상대방에게 책임을 넘기려는 것만 아니면 된다. 만약 위의 상황에서 그분이 이렇게 말했다면 어땠을까.

"정신력이 부족한 거 아닙니까? 끝까지 해보세요."

"내가 영업사원일 때는 그런 건 문제도 아니었습니다. 좀 더 힘을 냅시다."

이런 대답이 나왔다면 그 자리에 있던 사람들은 속으로 '그런 말은 나도 하겠네'라며 욕했을 것이다. 그러고는 한 귀로 듣고 다른 한 귀로 모두 흘려보냈을 것이다. 도전적 방향성을 제시하는 말투는 상대방의 입장에서 생각해봐야 한다. 또한 구체적이어야 한다. 아무리 멋진 말이라도 공허해서는 곤란하다. 상대방이 구체적인 행동으로 옮길 수 있도록 힘을 실어주는 말투여야 한다. 예를 들어 자유나 평화와 같이 누가 봐도 명백하게 '좋은 것'을 가지고 '선'이라고 주장해봐야 그리 큰 감동을 주지 못하는 것과 같다. 이런 것보다는 의견이 갈리는 상황에서 자신만의 논리를 갖고 상대방의 처지를 고려해 얘기하는 말투가 필요하다.

# 사람은
# 자신의 좋은 점을
# 이야기해준 상대에게
# 마음을 연다

얼마 전 고등학교 동창을 만났다. 함께 책을 읽으며 토론을 하곤 했던 친구들이다. 거의 10년 만에 모인 자리였다. 오랜만에 모인 자리인 만큼 고등학교 때의 추억을 끊임없이 소환하며 대화를 이어갔다. 포장마차로 자리를 옮겨 대화를 이어가던 중 마침 옆자리에 친했던 친구 민규가 앉았다. '맞다. 민규 어머니랑 우리 어머니가 친했었지!' 하는 생각에 안부를 물어봤다.

"민규야. 어머니는 잘 계시니?"

민규의 표정이 갑자기 어두워졌다.

'아, 내가 말을 잘못했구나. 뭔가 일이 있었구나.'

미안한 마음이 들었다. 아니나 다를까 "돌아가셨어. 몇 년 전에" 라는 대답이 돌아왔다. 속으로 '아차!' 싶었지만 이럴 때는 괜히 미 안하다는 말을 할 필요가 없다. 오히려 미안하다는 말이 상대를 더 어색하게 만들 수 있다. 그냥 묵묵히 듣고 있었다. 민규 어머니 모 습도 기억이 났다. 민규가 잠시 말을 멈추고 소주 한잔을 마실 때 내가 말했다.

"너희 어머니, 정말 미인이셨는데."

소주잔을 내려놓던 민규의 눈이 갑자기 빨개졌다. 고개를 숙이더 니 말을 잇지 못하고 눈물을 흘렸다. 우리는 묵묵히 기다려주었다. 곧이어 감정을 정리한 민규가 건넨 말이 아직도 기억에 남는다.

"마흔 넘은 나이에 아직도 어머니가 그립네. 우리 어머니를 좋은 모습으로 기억하고 있다니, 그렇게 말해줘서 정말 고맙다."

누군가의 좋은 점을 찾아내어 말한다는 것, 무엇을 얻는 것을 떠 나 상대방에게는 축복과 같은 말투다. 이제 대화를 시작하기 전에 상대방이 갖고 있는, 아니면 갖고 있었던 좋은 것을 악착같이 찾아 내보자. 상대방의 구체적인 행동에서 좋은 점을 찾아내서 말해준다 면 그 효과는 더욱 크다.

"너는 정말 작은 거 하나까지 세심하게 다룰 줄 아는 사람이야."

"넌 끝까지 해내고야 마는 인내심 있는 친구야."

"항상 밝게 웃으니까 너랑 있으면 기분이 좋아."

지금 주위 사람들을 한번 떠올려보자. 그리고 좋은 점을 찾아내보자. 잘못된 점을 찾아내어 윽박지르는 것은 쉽다. 반면에 좋은 점을 찾아내어 말하는 것은 어쩌면 용기가 필요한 일일 수도 있다. 괜찮다. "오늘 옷 색깔 정말 잘 어울린다!"와 같이 쉽게 찾을 수 있는 눈에 보이는 것부터 시작해도 좋다. 이제부터 적어도 매일 한 번씩, 누군가에게 그의 좋은 점을 찾아내 말하는 것을 실천해보자.

# 인정욕구를
# 채워주는
# 이유 없는 칭찬

퇴근 무렵 문자메시지가 왔다. 확인하기 전부터 긴장이 된다. 대부분 뭔가를 해달라는, 혹은 업무지시 내용이 대부분이니 당연하다. 그런데 막내딸이다. 안심하고 문자메시지를 확인했다.

"아빠 최고!"

'웅? 왜 그러지, 갑자기?' 싶어 "왜? 뭐가?"라고 바로 답장을 보냈다.

"그냥!"

집에 가는 내내 흐뭇한 미소가 발걸음을 가볍게 만들었다. 별것 아닌 이 문자메시지를 몇 번이나 들여다봤는지 모르겠다. 아이의 기뻐하는 모습을 상상하면서 편의점에 들러 아이가 좋아하는 과자도 샀다. 고작 아이가 보낸 이 뜬금없는 문자메시지에 이렇게 기분이 좋아지다니 신기한 일이다. 아무 이유 없는 칭찬, 그것도 열 살이 채 되지 않은 아이의 문자메시지에 퇴근길의 피로는 온데간데없이 아빠의 하루는 이렇게나 기분 좋게 마무리가 되었다.

사람들의 마음에는 '인정욕구'라는 것이 있다. 이 인정욕구가 채워지지 않으면 사람들은 자존감이 낮아지기도 하고, 불안해하기도 하고, 심리적으로 불안정한 상태가 된다. 그런데 말투 하나로 상대방의 인정욕구를 채워줄 수 있다. 바로 칭찬 말투다. 여기서 중요한 것은 상대방이 만들어낸 성과물이나 결과 등에 대해 칭찬하는 것보다 그 사람 자체에 대한 칭찬이 인정욕구를 채워주는 중요한 포인트다. 물론 칭찬을 할 때 이유를 밝히는 것은 중요하다. 그러나 칭찬에는 논리보다 감정이 우선이라는 사실을 초등학교 2학년 딸아이가 보낸 문자메시지에서 확인하게 되었다.

우리는 보통 말만 번지르르하고 내실은 없는 사람을 비난한다. 그런데 말만 그럴듯한 것이 자신을 자랑하기 위한 일방적인 말이 아닌, 상대방의 감정을 위로하기 위한 것이라면 괜찮은 것 아닐까? 잘 아는 한 영업사원은 고객에게 아무 이유 없이 칭찬하는 것을 고객관리의 성공비결로 꼽았다.

"실장님, 제가 늘 실장님께 고마워하는 것 아시죠?"

"제가 이번에 승진한 것, 모두 팀장님이 도와주신 덕택입니다."

칭찬할 게 없다고 투덜대지 말자. 상대방에 대해 관심이 없는 게 으름이 진짜 문제니까. 만약 칭찬할 것이 하나라도 있다면 악착같이 표현해보자. 지금 당장 앞에 있는 사람에게 칭찬을 해보자. 단, 이유를 고민하지 말 것. 상대의 기분을 상하게 하지 않는 것이라면 그 무엇이라도 좋으니 작은 것 하나를 찾아내 기분 좋은 말투로 전달해보자.

# "그렇군요!"만으로 완벽한 회의를 만들 수 있다

　브레인스토밍. 1941년 미국의 한 광고회사 부사장이 소개한 회의방식으로 '일정한 테마에 관해 회의 형식을 채택하고, 구성원의 자유발언을 통한 아이디어의 제시를 요구하여 발상을 찾아내려는 방법'이다. 아이디어가 양적으로 많을수록 질적으로도 우수한 아이디어가 나올 가능성이 크다는 근거를 가지고 진행되는 회의 방식이다. 구체적으로는 어떠한 내용의 발언, 심지어는 다소 엉뚱하기까지 한 의견도 자유롭게 이야기하고 비판 대신 존중을 우선하며 그 의견에서 또 다른 아이디어로 확장하는 시도를 한다.

단순히 질적으로 좋은 아이디어만 끌어내는 것이 브레인스토밍의 유일한 목표일까? 개인적으로는 그 이상으로 중요한 게 있다고 생각한다. 브레인스토밍 회의에 참석한 구성원들에게 자신의 의견이 존중받는다는 느낌을 주어 결국에는 자신의 성장 계기로 삼을 수 있다는 점이다. 처음부터 진지하게 결론을 내려 하면 그 누구도 입을 열지 않는다. 아이디어가 나올 때마다 서로 격려하는 분위기를 만들어야 회의는 활기에 넘치게 된다. 구성원들 모두가 적극적으로 참여하는 소통의 장을 열기 위해서라도 격려의 말투가 필요하다. 또한 리더라면 브레인스토밍이 아니더라도, 항상 구성원의 의견을 들으려는 적극적인 노력이 필요하다.

이쯤에서 돌아보자. 과연 우리 기업들의 회의 문화는 어떠한가. 브레인스토밍을 한다고 해놓고는 리더가 참견해 오히려 구성원들의 입을 막고 있지는 않은가. 예를 들어보자. 한 회사의 부서장이 A라는 프로젝트에 대해 구성원의 의견을 들어보겠다고 부하직원들을 불렀다.

"오늘은 하고 싶은 말 마음껏 해주세요. 내가 없다고 생각하고 말해주세요. 편하게 말할 수 있도록 저는 조용히 있겠습니다. 대신 여기 모이신 모든 분들이 적극적으로 아이디어를 내는 데 참여해주세요."

망설이던 구성원 중 하나가 먼저 말을 한다.

"제 의견은 이렇습니다."

다른 한 명이 그 말을 받아 의견을 낸다. 답변을 하고 다시 의견을 내고…. 이제 본격적인 아이디어가 나올 참이다. 바로 그때, 부서장이 손을 살짝 들더니 "제가 한마디만 할 게요"라고 말하고는 화이트보드 앞에 선다.

"의견 내시는데 제가 딱 한마디만 하겠습니다. 지금까지 나온 의견을 듣다 보니 여러분들이 뭔가 착각을 하고 있는 듯합니다. 우리 사업은 말이죠…."

10여 분이 넘도록 일장 연설을 마친 후 할 말을 다했다는 듯 뿌듯한 표정으로 자신의 자리에 가서 앉더니 말한다.

"자, 이제 다시 시작해보세요."

이제부터 구성원들에게 이 회의는 '브레인스토밍 회의'가 아니라 '브레인스토밍을 빙자한 회의'로 느껴진다. 그러니 당연히 그저 그런 의견들만 나오다가 흐지부지 끝나게 된다. 다른 사람의 성장을 막고 싶다면, 생각의 확장을 막고 싶다면, 간단하다. 상대방이 의견을 말할 때 참견하면 된다.

이 책을 읽는 사람들이라면 그걸 바라는 사람은 없을 것이다. 상대방과 생각을 공유하며 함께 성장해가고 싶다면, 이것 역시 간단하다. 제발 좀 가만히 있어라. '쓸데없는 참견' 말투는 상대방의 성장을 막아버리는 말투라는 것을 반드시 기억해라.

언젠가 독서토론 모임에 참석한 적이 있었다. 책 한 권을 읽고 서로의 의견을 얘기하는 자리였다. 그런데 그동안 내가 참석했던 어떤 모임보다 참여자의 호응이 좋았고, 정말 다양한 이야기들이 오갔던 알찬 토론이었다. 토론을 진행하던 모임의 리더는 토론이 이어진 두 시간가량 다음의 말만 했을 뿐이다.

"아, 그렇군요!"

당신은 상대방이 말할 때 듣고 있는 편인가, 중간에 끼어드는 편인가. 참견의 말은 적으면 적을수록 좋다는 것을 기억해라. 없으면 더욱 좋고!

# 협상에 성공하는 대화법, "150만 원에 차를 드리겠습니다"

거래를 할 때 같은 말이라도 어떤 단어를 사용하느냐, 어떤 표현을 사용하느냐에 따라 협상의 결과가 달라지는 대화법이 있다. 독일의 잘란트대학교와 뤼네부르크대학교가 공동으로 진행한 연구에 따르면 판매자가 단어와 표현을 조금만 달리해도 보다 나은 가격에 거래가 성사될 수 있다고 한다. 중고차를 구입하려는 구매자에게 판매자는 다음과 같이 말할 수 있다.

1. "150만 원에 팔았으면 합니다."
2. "150만 원에 차를 드리겠습니다"

두 문장은 구매 가격이 150만 원이라는 동일한 내용을 담고 있다. 그럼에도 구매를 유도하려면 2번의 문장을 사용해야 한다. 이 문장을 사용해야 원하는 가격으로 거래가 성사될 확률이 높다는 것이 연구팀의 설명이다.

뤼네부르크대학교 심리학과 로맨 교수는 "150만 원에 차를 드리겠다는 말은 상대의 주의를 집중시키는 데 효과적이다"라며 "자신이 이 차를 소유할 수 있다는 느낌을 주기 때문"이라고 말했다. 이어 "반면 150만 원에 팔고 싶다는 말은 상대방이 거래를 통해 쏟아부어야 할 금액을 강조하게 된다"며 "할인을 받거나 혜택을 받는다는 느낌보다 거래로 잃게 되는 돈을 강조하는 것"이라고 말했다.

연구팀은 이번 연구를 위해 총 8가지의 실험을 진행했다. 그리고 모든 실험에서 동일한 결과가 나타난다는 점을 확인했다. 판매자가 단어와 표현에 더욱 신중하면 보다 나은 가격에 거래가 성사된다는 것이다.

또한 판매자는 협상이 제대로 이뤄지지 않을 때 바로 가격을 낮추는 것보다 무언가를 좀 더 제공하겠다는 방식으로 거래를 유도할 수도 있다. 가령 스노타이어를 덤으로 주겠다는 식의 제안을 하면 상대방이 혜택을 누린다는 느낌을 받아 거래가 성사될 확률이 높다는 것이다.

협상을 해야 하는 상황이라면, 같은 내용이라도 단어의 미묘한 뉘앙스 차이만으로도 결과가 달라진다는 점을 반드시 기억하라.

# 4장

버리고 삼가면
좋은 말투

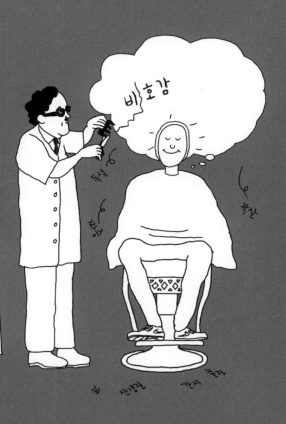

# 상대방의 가치를
# 평가절하 하는
# '경멸' 말투

약자는 항상 약자로 남을까? 아니다. 약자가 강자가 되기도 하고, 강자가 다시 약자의 위치가 되기도 한다. 그러니 지금 내가 강자의 위치에 있다고 해서 쉽게, 함부로 말을 해서는 절대 안 된다. 그중에서도 특히 경멸의 말투는 절대 삼가야 할 말투다.

경멸輕蔑, '깔보아 업신여김'이라는 뜻이다. "당신은 상대방에게 경멸의 말투를 사용하고 있나요?"라고 물어볼 때 "그렇다"고 말하는 경우는 드물다. 경멸이란 단어 자체의 느낌이 강하다 보니 '나는 그런 나쁜 태도를 갖고 있지 않다'라고 착각할 뿐이다. 그러나 실제로는 생각보다 많은 사람들이 사용하고 있다. 질문을 바꿔보자.

"혹시 경멸의 말투 때문에 기분 나쁜 적 있었나요?"

대다수의 사람들이 "그렇다"고 말할 것이다. 경멸의 말에 상처를 입은 사람들은 많음에도 그렇게 말했다는 사람이 없다는 것은 경멸의 말투를 사용하고 있음에도 스스로 인식조차 못하는 사람이 많다는 뜻이다. 경멸의 말투는 대화의 상대방을 쓸모없는 사람으로 취급하는 잔인한 말이다. 그럼에도 이를 조심하는 사람은 그리 많지 않다.

작은 중견기업의 팀장으로 일하고 있는 친구가 있다. 일도 꽤 잘해 회사에서도 인정받는 친구다. 직장은 물론 가정에서도 모범적인 모습을 보여 친구들 사이에서도 늘 귀감이 되는 친구이기도 하다. 그런데 한번은 술자리에서 자신의 고민을 얘기하는데 그 내용이 충격적이었다. 자신의 회사 사장이 평소에는 그렇게 인자하고 좋단다. 그런데 술만 마시면 언어폭력이 시작되는데 견딜 수 없을 정도란다. 자신의 콤플렉스에 대해 아무렇지 않게 말하는 사장의 말에 모욕감을 느낀 경우가 한두 번이 아니란다. 예를 들자면 이런 식이다.

"K 회사 김 팀장 알지? 그 친구가 이름도 없는 지방대를 나왔더라고. 어떻게 그런 사람한테 팀장을 맡기나. 거 참. 그 친구, 일은 잘하지만 뭐랄까, 지식은 있지만 지혜가 부족해. 지방대가 괜히 지방대인가."

참고로 이 친구는 지방에 있는 국립대학교에서 대학원까지 나왔다. 하지만 "지방대가 괜히 지방대가 아니다"라는 사장의 말을 들은 그의 기분은 어땠을까? 사장은 제3자에 대한 이야기를 한 것이니 문제될 것 없다고 할 수도 있겠지만 듣는 당사자는 그렇지 않다. 사장의 말이 경멸의 말투로 느껴졌다고 한다. 이런 경우가 한두 번이 아니었나보다. 평소 회사에서는 인자한 모습을 보이다가도 술자리만 시작되면 경멸의 말을 쏟아내는 사장을 보며 '사장님이 나를 쉽게 보는구나'라는 생각까지 들었다고 한다. 심지어 자신이 쓸모없는 사람으로까지 느껴졌다고 한다. 직접적으로 경멸을 표현하는 것보다 오히려 더욱 상대의 가슴을 후벼파는 저주에 가까운 말투였던 셈이다. 결국 그는 그 회사를 그만뒀다. 오직 사장의 말 때문만은 아니었겠지만 회사를 계속 다니기 힘들다고 느꼈던 많은 순간들이 사장의 경멸적인 말투를 듣는 순간들이었다고 한다.

경멸의 말투는 상대방에게 직접적으로 하는 것은 물론 간접적인 경멸의 말투 역시 상대방의 가치를 평가절하하는 잔인한 말이라는 점, 잊지 말자. 그리고 당신이 최근에 들은 말 중 가장 경멸의 말투로 느껴졌던 말을 떠올려보고 만약 당신이라면 어떻게 말했을 것인가를 고민해보자. 경멸이 아닌 존중의 말투로 바꿔 말하는 연습을 시작해보는 것이다.

# '너는 몰라도 돼'
# 라는 말에
# 진짜 모르는 사람이
# 될 수 있다

상대방이 어떤 말을 할 때 가장 기분이 안 좋은지 궁금해서 하루는 초등학교 4학년인 둘째 아들에게 물어봤다. 그러자 아이는 상대방이 놀라는 말투로 말하면 기분이 안 좋다고 한다. '상대방이 놀라는 말투'라니, 무슨 말인지 선뜻 이해가 되지 않아 재차 물어봤다. 아이는 이렇게 말했다.

"'너 이것도 몰라?' 하면서 깜짝 놀라서 말하면 기분이 나빠요."

무시하는 말투를 말하는 거였다. 세상에 자신을 무시하는 사람에게 너그러운 사람은 없다. 열한 살짜리 초등학생에게도, 마흔 살을

홀쩍 넘은 남성에게도 똑같이 기분 나쁜 말이다. 물론 아이의 말을 들고 가장 먼저 반성한 것은 나였다. 일상에서 나와 가장 가까운 아내와 아이들에게 나도 모르게 무시의 말투를 사용하고 있었다는 생각이 들었기 때문이다.

한번은 이런 일도 있었다. 퇴근 후 집에 갔는데 그날따라 회사에서 유난히 일이 안 풀렸던 터라 우울한 기분이 얼굴에 남아 있었나 보다. 아내가 매실차 한잔을 건네면서, 물을까 말까 망설이더니 걱정스러운 표정으로 물어봤다.

"요즘 회사에 무슨 일 있어?"

나는 바로 그때 다음과 같은 실수를 해버리고 말았다.

"당신이 회사일은 알아서 뭐해?"

지금 생각하면 얼굴 부끄러워지는 대화다. 아내가 얼마나 무안했을까? 물론 그렇게 말한 나도 마음이 좋지는 않았다. 그때 나는 다음과 같이 말했어야 했다.

"아, 회사에서 일이 갑자기 몰려서 요즘 좀 피곤했나봐. 근데 괜찮아. 도움이 필요하면 얘기할게."

여기서 좀 더 나아가 "괜히 걱정하게 만들었네. 금방 좋아질 거야. 걱정하지 않아도 돼"라는 말까지 덧붙였다면 더 금상첨화였겠다. 무시의 말투로 상대를 쓸모없는 사람으로 느끼게 만드는 것, 얼마나 잔인한 일인가. 무심결에 누군가에게 무시의 말들을 건넨 적은 없는지, 내 기분, 내 컨디션에 따라 나도 모르게 상대를 기분 나쁘게 하는 말들을 건넨 적은 없는지 기억을 더듬어보자. 누군가를 무시하는 말은 상대방의 마음에 상처를 남기는 잔인한 말투임을 기억하고 절대 사용하지 않도록 조심해야 한다.

"너는 몰라도 돼. 그냥 공부나 해."

"너가 뭘 안다고 참견이야."

"쓸데없는 생각할 시간에 잠이나 자라."

"내가 알아서 해. 신경 쓰지 마."

몇 가지의 예만 들었을 뿐인데도 지금 찔리는 사람들 많을 거다. 이런 말들은 두 번 다시 입에 담아서는 안 될, 당장 없애야 할 말투다.

# '용건만 간단히'가
# 관계를
# 단절시킬 수도 있다

구내식당 없이 회사 주변의 식당을 이용해야 하는 직장인에게는 매일 식사 메뉴를 고르는 게 고역이다. 그러던 어느 날, 회사 주변에 식당이 하나 생겼다. 김밥 전문점이었는데 판매하는 김밥 종류가 다양해 보였다. 가볍게 점심식사를 해결하기에는 그만인지라 개업하자마자 점심을 먹으러 가게 되었다. 김밥 메뉴만 해도 10개는 넘는 것 같았다. 소고기 김밥, 치즈 김밥, 우엉 김밥, 제육 김밥 등. 무엇을 고를까 망설이는데 주인인 듯 보이는 아주머니께서 웃으며 말씀하신다.

"처음 오셨나 봐요? 고르기 힘드시죠? 우리집 대표 메뉴는 우엉 김밥이에요. 소화도 잘되고 씹는 맛도 좋아서 젊은 분들이 좋아하세요."

살갑게 웃으며 메뉴를 권하는 아주머니의 말에 우엉 김밥을 주문했다. 주인아주머니의 초심만 변하지 않는다면 김밥 가게는 잘될 수밖에 없으리라는 생각을 하면서 말이다.

용건만 간단히. 아마 많은 사람이 이 표현을 긍정적인 의미로만 생각하고 있을 것이다. 어렸을 때 집에 있던 까만 플라스틱 전화기나 길거리 공중전화 박스에서 자주 볼 수 있었던 문구다. 전화요금이 비싸니 할 말만 간단히 전하고 끊으라는 얘기다. 이런 습관이 한국인의 유전자에 각인되어 있는 걸까? 김밥집 주인아주머니처럼 손님에게 말을 건네는 사람이 과연 얼마나 될까? 식당에 가서 "여기 뭐가 제일 맛있어요?"라고 물어보면 이런 말 듣기가 십상이다.

"다 맛있어요."

그리고 이어지는 '바쁘니까 빨리 주문해'라는 속내가 드러나는 듯한 표정, 누구나 한번은 경험해봤을 테다. 단답으로 대답을 끝내는 순간 손님은 뻘쭘해져서 결국 빨리 눈에 보이는 메뉴를 주문하고 조용히 앉아서 먹다 나오게 된다. 그리고 그 식당은 그저 간단히 한 끼 때운 곳으로만 기억에 남을 것이다. 음식이 탁월하게 맛있다면 또 모르겠지만 평범한 곳이라면 과연 누가 그 음식점의 단골이 될 수 있을 것인가. 손님을 향해 '쓸데없는 말 그만하고 용건만 간단히 빨리 주문이나 하시오'라는 마인드의 식당이 잘될 턱이 없다. 잠재적 단골손님을 한번 오고 마는 뜨내기손님으로 만들어버리는 말이 바로 '용건만 간단히' 말투다.

사실 나 역시 일상에서 '용건만 간단히' 말투를 사용하는 것에 익숙하다. 아내는 일상의 일들에 대해 나와 대화를 나누는 것을 좋아한다. 그때마다 내 입에서 가장 쉽게 나오는 말은 이런 것들이다.

"그래서 결론이 뭔데?"

부끄러운 일이다. 가정에서 아내와의 대화조차 '용건만 간단히' 말투를 사용하는 사람이 과연 사회에서 수많은 이질적인 사람들과 대화를 잘 이끌어갈 수 있을까. 불가능하다. '용건만 간단히' 말투는 결론을 내리는 말이다. 그 결론은 대화 과정이 결여된 일방적인 결론일 수밖에 없다. 대화를 통해 인간관계의 진전은 더 이상 기대할 수 없고 서로의 감정에 대한 이해는 어렵게 될 테다.

'용건만 간단히' 말투는 일방적인 대화 방법이기도 하다. 전문 강사들은 "강의도 쌍방향 스타일"이어야 함을 항상 강조한다. 강의라면 일방적인 커뮤니케이션의 대표적인 형식이라고 생각할 수 있지만 그렇지 않다. 듣는 사람의 감정과 의견을 무시해서는 좋은 강연이 될 수가 없다.

쌍방향 커뮤니케이션이 필요한 상황에 혹시 우리는 '용건만 간단히' 말투로 대화를 망치고, 관계를 끊어버리고 있는 것은 아닌지 살펴볼 때다.

지금부터 연습해보자. 누군가의 질문을 받았을 때 한 문장으로 할 것을 두 문장, 아니 세 문장으로 늘려서 말해보자. 식당에서도 아무 말 없이 카드만 건네며 "여기요"라고 하기보다는 "음식이 너무 맛있네요. 잘 먹었습니다"라는 말을 덧붙여 건네보자. 상대방의 반응은 상상 이상으로 달라질 것이다.

# '답정너' 말투 하나로 꼰대가 될 수 있다

　답정너. '답은 정해져 있으니 너는 대답만 하면 돼'라는 말을 줄여서 표현하는 신조어다. 예를 들면 이런 식이다. "난 김태희 얼굴별론데 오늘 누가 나더러 김태희 닮았대. 너가 봐도 그래?"라는 질문. "김태희 닮았다"는 말에 한껏 기분이 좋아졌지만 애써 숨긴 채 '너도 빨리 나한테 김태희 닮았다고 말해'라는, 대답을 유도하는 '답정너' 말투의 전형적인 예다. 일방적인 대화일 수밖에 없다. 상대방이 해야 할 대답이 이미 정해져 있으니 억압적인 대화이고, 상대방의 의견 따위는 묵살하는 말투로 이런 말투를 사용하는 대화에서는 진정한 관계의 발전은 기대할 수 없다.

　회사에서는 어떨까? 광고 회사에서 대리로 일하는 후배의 예를 들어보자. 위로는 팀장과 과장, 선임 대리 등 3명이, 아래로는 신입 사원 1명이 있다. 이 친구, 한 달에 한 번 정도 있는 회사의 저녁 회식 장소를 잡는 게 늘 곤혹스럽단다. 그날도 어김없이 회의 시간 끝날 때쯤 팀장이 회식자리를 잡아보라고 지시를 했다.

　"이번 달 회식 한번 해야지? 요즘에는 회식 때 문화생활하는 게 유행이라고 하던데 우리도 해보는 거 어때? 박 대리, 우리도 회식 문화 한번 바꿔보자. 다들 괜찮지?"

　특명을 받은 박 대리, 며칠을 고민하고 찾아보며 여기저기 수소문했다. 많이 웃을 수 있는 연극, 편하게 볼 수 있는 뮤지컬, 분위기 있는 재즈 라이브 공연장 등의 세 가지 안을 보기 좋게 파일로 정리해 팀장에게 보고했다. 보고를 받던 팀장이 고개를 갸웃거리더니 이렇게 말하더란다.

　"지금 한가하게 웃으면서 연극 볼 회사 분위기도 아니고, 뮤지컬은… 음… 가격이 좀 비싸네. 유명하지도 않은 거라 재미없을 거 같고, 재즈? 난 재즈는 도통 모르겠던데."

　그러더니 하는 얘기가 "뭐, 복잡하구만. 그냥 가까운 데서 삼겹살에 소주나 하러 가지? 역시 회식은 술이나 실컷 마셔야 제맛이지. 2차로는 노래방이나 가서 스트레스나 풀고 오자!"였단다. 박 대리는 화가 났단다. "이럴 거면 애초부터 자기가 정할 것이지 왜 이유 없이 시간 낭비를 시키는 건지 이유를 모르겠다"고 한다. 더군다나 이게 하루 이틀이 아니라는 거다. 매번 팀원들하고 의논해서 말해주면 그 결정에 따르겠다고 하고는 막판에 가서는 항상 딴소리하는 팀장의 횡포에 스트레스로 원형탈모가 생길 정도라니 말 다했다.

힘을 가진 사람, 의사결정권을 가진 사람, 나이가 많은 사람… 이들이 자신의 힘과 결정권과 나이를 이용해 자신의 뜻대로만 밀고 나간다면 더 이상 권위는 없고 꼰대 이미지만 남게 될 것이다. 특히 의견을 말하라고 해놓고는 일방적으로 묵살해버리는 말투는 누군가의 성장을 막아버리는, 발전의 욕구조차 없애버리는 나쁜 말투다.

당신도 한번 기억을 더듬어보라. 누군가에게 무엇인가를 시키고는 그 사람이 해왔을 때 "이게 뭐야!"라는 식의 말로 그 의견을 무시하고 자신의 의견을 일방적으로 관철시킨 경우가 있지 않은지.

# 상대방의 약점에는
# 절대
# 공감하지 마라

나의 약점은 누구보다 자기 자신이 가장 잘 안다. 그럼에도 자신의 약점을 누군가에게 말하는 것은 위로받고 싶은 것일 뿐 따끔한 충고가 필요해서는 아니다. 그런데 대화의 과정에서 자신의 약한 점을 말하는 상대를 더 잔인하게 파헤치는 예의 없는 사람들이 우리 주변에는 너무도 많다.

예를 들어 회사원인 당신, 보고서 작성에 서툰 편이다. 취약점을 극복하고자 보고서 작성을 잘하는 동료에게 조언을 구한다든지, 보고서 작성법 관련 책을 사서 연습한다든지, 아니면 관련 학원을 다니면서 보고서의 품질을 높이려는 노력을 하고 있다. 그러나 실력이 하루 만에 늘 수는 없으니 내일 당장 제출해야 할 보고서가 또 걱정이다. 다음 날 부서장에게 보고서를 들고 갔다. 역시나 무참히 깨졌다. 부서장의 타박을 받고 나서 착잡한 마음에 입사동기와 함께 커피를 마시며 신세한탄을 했다.

"(한숨을 쉬며) 나는 왜 이렇게 보고서 작성하는 게 힘든지 모르겠어."

"그러게, 너는 보고서만 잘 만들면 진짜 완벽할 텐데."

"…"

"뭐, 어쩔 수 없지. 아니면 다른 부서로 옮기는 건 어때?"

동료의 얼굴을 보니 진짜 진심으로 걱정되는 마음에 건네는 말이다. 그런데 그 얘기를 들은 당신의 마음은 어떨까. '와, 역시 내 친구구나!'라고 고마워할까? 천만에, 정반대다. 아마 이런 생각이 들 것이다.

'뭐야, 그러는 자기는 얼마나 보고서를 잘 만든다고… 나랑 별 차이도 없는 것 같구만.'

그렇다. 그 친구, 실수했다. 둘도 없는 친구를 한순간에 원수로 만든 셈이다. 왜 이런 결과가 나온 것일까? 이유는 간단하다. 누군가의 약점을 찌르는 말투는 그게 진실이든 아니든 관계없이 자존심에 상처를 주기 때문이다. 상대의 약점에 대해 공감한다는 그 사실만으로도 약점을 갖고 공격한다는 느낌을 받게 되는 것이다. 이를 모르고 그저 솔직한 게 좋은 거라고 착각하고 상대의 약점에 대해 강하게 공감하는 반응을 보이는 것은 대화를 가로막는, 인간관계를 끝내는, 더 나아가 약점을 가진 사람의 성장을 막아버리는 잔인한 말투다.

빛도 거의 보이지 않는 캄캄한 터널에 서 있는 사람에게 빛을 주지는 못할망정 꺼질랑 말랑 하는 촛불마저 꺼버리는 것과 다름없다. 자신이 지닌 약점 때문에 힘들고 심적으로 위태로운 사람에게 건네야 할 것은 솔직한 조언이 아닌 위로의 말이어야 한다. 그 말은 상대방의 약한 부분을 지적하지 않는 말투에서 시작된다. 만약 위와 같은 상황이라면 상대방은 다음과 같이 말해야 할 것이다.

"나도 마찬가지야. 보고서 만드는 건 나도 정말 어렵더라고. 너도 힘들어하는 줄 몰랐네. 같이 힘내자."

"일이 워낙 바쁘니까 보고서에 신경 쓸 시간이 늘 부족하잖아. 여유가 좀만 더 있어도 좋을 텐데."

"프로젝트 진도 체크하랴, 사람 관리하랴, 보고서를 만드는 거 자체가 대단하다!"

상대방의 자존심을 세워주면서 동시에 상대방의 성장을 도와주는 위로의 말투이다. 기억하자. 상대방이 자신의 약점을 고백하며 하소연할 때는 굳이 상대방의 약점에 공감하는 말을 하거나 있는 그대로 말해주기 이전에 약한 부분으로 상대방이 겪고 있는 고통을 생각하는 잠깐의 시간을 갖길 바란다.

# 발뺌하는 말투는
# 더 큰 화를
# 부른다

나보다 두 살 위인 직장선배가 있었다. 한번은 그와 함께한 술자리에서 어떤 이유에서였는지 나에게 술을 강요했다. 요즘은 다행히 술자리 분위기가 많이 달라졌지만 그때만 해도 선배가 주는 술을 거부하기란 쉽지 않았다. 한 잔, 두 잔, 세 잔… 그날 도대체 몇 잔을 마셨는지 모르겠다. 정작 그 선배는 술을 거의 마시지 않았다. 그냥 평소 술을 잘 마시지 않던 내 술주정을 보고 싶었단다.

다음 날 아침, 눈을 뜨니 몸 한쪽이 불편했다. 오른쪽 팔과 다리에 마비가 온 거였다. 병원에 가니 큰일 날 뻔했다고 의사가 나무란다. 며칠이 흘렀다. 여전히 팔이 저린 상태였다. 복도에서 우연히 그 선배를 만났다. 싫은 내색 없이 "선배님, 그날 저 큰일 날 뻔했어요"라고 투정 부렸다. 그러자 선배는 대답했다.

"그러게 평소에 술 마시는 모습 좀 보여주지 그랬어. 너 술 마시는 거 보고 싶어서 그랬지."

그 순간 나는 그 선배와 두 번 다시 말을 섞고 싶지 않았다. 그냥 바로 관계를 끊고 싶은 마음이 강하게 들었다. 병원비에 손해배상까지 청구하고 싶었다. 무엇보다도 '평소에 술을 안 마신 너가 잘못이다'는 식으로 발뺌하는 그의 태도에 정말 분노가 일었다.

자신의 책임을 얼렁뚱땅 흐지부지 남에게 떠넘기려는 사람들, 주변에서 정말 많이 볼 수 있다. 물론 나 역시 살면서 책임 회피의 말과 행동을 전혀 하지 않았다고는 할 수 없다. 그로 인해 누군가 상처를 받은 사람도 있었을 것이다. 다만 '책임 전가' 말투가 상대에게 얼마나 마음에 상처를 남기는지 알게 된 이후부터는 가능하면 그런 말과 행동을 줄이려고 노력한다.

만약 잘못한 일이 있으면 어떻게 해서든지 분명하게 사과의 표현을 하려고 한다. 상대방의 마음이 얼마나 아픈지 헤아리는 것은 물론, 용기내서 직접 물어보기라도 해야 마음이 편하다. 내가 잘났다는 게 아니다. 그만큼 누군가에게 문제를 일으켜 놓고 그 책임에 대해 한마디도 안 하는 사람들을 많이 봐왔기에, 그 과정에서 나의 분노 조절 시스템이 망가질 위기도 겪었기에 노력하는 것이다.

자신의 책임을 회피하는 말투는 상대방의 화를 일으키는 가장 쉬운 방법이다. 나에게 술을 강요한 선배의 사례로 다시 돌아가보자. 만약 그때 나에게 이렇게 말해줬다면 어땠을까.

"내가 정말 큰 실수를 했다. 고생했겠다. 괜찮니? 정말 미안하다."

어려울 수도 있겠지만 어찌 보면 간단한 말이다. 잘못을 시인하고 사과했다면, 지금 나는 이 책의 좋지 않은 사례에 그의 이야기를 쓰는 일은 없었을 것이다. 자신의 책임을 오히려 내 탓으로 돌리는 그의 태도는 아직도 나의 마음에 앙금으로 남아 있다. 그가 만약 자신의 잘못을 인정하고 "힘들었을 테니 내가 점심이라도 사야겠다. 도저히 미안해서 안되겠어"라고 했다면 그는 지금도 나의 가장 친한 선배로 남아 있을지도 모르겠다.

조금이라도 누군가에게 피해를 준 일이 있다면 어떻게 해서든지 자신의 잘못을 사과하고 책임을 인정하는 말을 해야 한다. "난 몰라", "따지고 보면 내 탓만은 아니잖아"라는 식의 책임을 인정하지 않는 말투는 상대의 분노를 일으키며 그의 마음속 깊이 씻을 수 없는 상처를 남길 수도 있음을 알아야 한다. 반대로 자신의 말이나 행동에 대해 빠른 시간 내 책임을 인정하는 말투를 사용하는 사람이라면 그는 주변 사람들의 신뢰를 얻을 뿐만 아니라 발전적인 인간관계를 맺는 것에 어려움이 없을 것이다.

자, 최근 일주일 새 누군가에게 조금이라도 아쉬운 마음을 들게
한 말이나 행동을 한 적이 있는 생각해보자. 떠오르는 순간이 있다
면 지금 당장 진심을 담아 사과의 메시지를 보낼 것! 그리고 책임
을 인정하는 말투로 상대방을 위로해보자.

# 체계적인 변명보다
# 단순한 사과가
# 낫다

    셰익스피어 말에 의하면 "간결함은 지혜의 본질"이다. 생각이 많으면 말이 길어진다. 말이 길어지면 실수하기 마련이다. "듣는 사람은 당신이 말하는 것에서 잘못된 점을 찾아낼 뿐, 잘한 점을 찾지 않는다"는 말이 있다. 말은 짧아야 한다. 세상의 모든 듣는 사람은 지루하기 때문이다. 상대방의 말이 재미없는데 듣고 있을 이유가 없다. 짜증 나고 화만 날 뿐이다. 대표적인 사례가 바로 학창 시절 교장선생님의 훈화 말씀이다.

    고등학교 다닐 때 얘기다. 매주 월요일 아침 조회시간은 정말 악

몽이었다. 왜 그렇게 교장선생님의 말씀은 끝없이 길었는지. 한 문장이면 될 내용을 끝도 없이 이어나가는데 아침부터 모든 에너지가 다 소진되는 기분이었다. 심심하니까 신발로 괜히 낙서하면서 끝나기만 기다리는 시간의 반복이었다. 훈화 말씀의 하이라이트는 "마지막으로 말씀드릴 것은…"이다. 이쯤 되면 참다가 기진맥진한 아이들의 짧은 탄식이 여기저기서 들려온다.

말하기를 좋아하는 사람들은 정말 너무나 많다. 도망가고 싶지만 교장선생님 훈화 말씀 시간에 이탈했다가는 오전 내내 벌을 서야 하는 것을 감수해야 하니 그럴 수도 없다. 더운 여름에 어지럼증을 느끼며, 추운 겨울에 손을 비벼가면서 듣던 그 순간, 우리는 얼마나 많은 화와 짜증을 참고 있었던가. 권력관계에서 힘이 약하기 때문에 일방적으로 들어야 하는 말들은 특히나 더 재미없고 지루하다. 자신이 권력을 갖고 있으니 상대방은 내 얘기를 아무 소리 하지 않고 듣는 것이 예의라는 생각에서 비롯되는 나쁜 말투의 예다. 자신의 생각만 말하느라 상대방에게 '피로유발자'가 되는 경우다.

말은 간결할수록 좋다. 상대방이 원하는 것을 쉽고 편하게 그리고 짧게 말하는 능력 말이다. 간결하게 말하는 것이야말로 '잘 말하는' 것이다. '말을 잘하는' 사람은 많다. 보통 말을 잘한다고 하면 말이 끊어지지 않고 길게 하는 것이라고 착각한다. 아니다. 그런 말하기는 듣는 사람 입장에서는 지루하고 짜증만 날 뿐이다.

쓸데없이 길어지는 말투는 사실 힘을 지닌 사람에게서만 볼 수 있는 것은 아니다. 잘못했을 때 약자의 입에서도 자주 나오는 말투다.

대학교 강의실의 한 장면이다. 교수님이 말한다.

"민철 군, 왜 과제를 이렇게 성의 없이 낸 겁니까?"

이때 대답이 길어지는 경우가 바로 문제다.

"죄송합니다. 제가 어젯밤에 오늘 과제가 있음을 분명히 확인했는데… 자다가 깨기도 하고 아침에 일어나서도 확인했는데… 아침 일찍 하려 했는데 갑자기 몸이 안 좋아서… 그런데 제가 생각하기에는…."

이렇게 길게 말하는 것은 변명일 뿐이다. 그럴 때는 다음과 같이 말해야 한다.

"교수님께서 실망하신 것 같아 죄송합니다. 다음에는 이런 실수 없도록 주의하겠습니다."

변명하지 말고 상대방의 감정을 이해하고 단순하면서도 짧게 말하는 게 정답이다. 가끔은 '체계적인 변명'이 '단순한 사과'보다 나쁜 결과를 초래하는 경우가 허다하다. 명확하고 짧은 사과 대신 자신의 변명을 추가하다가 상대방의 화를 끌어내어 일을 크게 만든다는 것을 기억하자.

한 초등학교 급훈이 "휴지는 휴지통에"라고 한다. 짧지만 초등학교 학생들에게 필요한 내용이 함축적으로 포함된 정말 잘 만들어진

급훈이다. 그렇다. 조직이건 사람이건 말은 간결할수록 좋다. 그럴수록 말이 지닌 힘은 더 강력해진다. 자신을 방어하는 것에 힘쓰지 말고, 이제부터 짧고 단순하게 표현하는 것을 연습해보자.

# 껍데기만
# 친절한
# "고객님" 말투

　갑자기 월요일 아침에 양복을 입어야 할 일이 생겼다. 적당한 양복이 없었기에 금요일 저녁에 양복을 사러 갔다. 옷 고르는 것에 익숙하지 않아 점원에게 요즘 잘 나가는 양복을 하나 골라달라고 했다. 친절했던 그 점원은 한눈에 봐도 편안해 보이는 양복을 권했다. 가격도 괜찮았다. 입에 발린 말이겠거니 하면서도 "옷이 너무 잘 어울려요"라는 말은 듣기 좋았다. 그런데 바지 밑단을 조금 줄여야 했다. "밤늦게라도 오겠냐"는 말에 "퇴근하고 집에 가는 길이니 내일이나 늦어도 모레까지 오겠다"고 했다. 모든 결제를 마치고 집으로

왔다.

다음 날 아침, 집에서 30분 거리에 있는 양복점에 갔다. 그런데 오후나 되어야 수선된 양복이 나온단다. '미리 말을 좀 해주지'라는 서운함이 들었다. "죄송하다"고 하니 별달리 할 말도 없었다. 온 김에 간만에 쇼핑몰에서 이런저런 구경도 하고 맛있는 음식이나 먹고 가야겠다고 생각하니 뭐 그리 나쁘진 않았다. 그러나 쇼핑몰 주차 문제가 걱정됐다. 그 쇼핑몰은 강남 한복판에 위치해 있기에 주차료가 상당했다. 점원은 걱정하지 말라며 2시간짜리 주차권을 건네줬다. 그러나 오후까지는 기다릴 수가 없어서 다음 날 옷을 찾으러 오겠다고 말했다.

다음 날 다시 그 가게를 찾았다. 지금까지 상대하던 점원 대신 다른 점원이 있었다. 옷을 확인하고 가게를 나서며 주차권을 달라고 했다. 그러자 그 점원은 무슨 소리냐는 표정으로 나를 바라봤다. 물건을 살 때만 주차가 지원될 뿐 옷을 찾아갈 때는 주차 지원이 안 된다는 말이었다. 그 순간 너무 화가 났다. 가까스로 화난 마음을 추스르고 "어제 옷이 준비가 안 되어서 30분 거리에 있는 이 가게를 두 번이나 오게 됐는데 왜 주차요금까지 제 돈으로 내야 하는 거죠?"라고 물어봤다. 그러자 점원이 한다는 말.

"에이, 주차비 별로 안 나와요. 5,000원 정도만 내시면 될 텐데 뭘 그러세요."

고객 대접은 고사하고 거지 취급을 받는다는 느낌을 받았다.

'내가 왜 이런 말을 듣고 있어야 하지?'

기가 막히고 짜증이 났다. 말끝마다 "고객님"을 붙이지만 그 말투 속에는 상대방 입장에 대한 고려는 전혀 없었다. 오직 자신의 입장에서만 대화하고 그마저도 빨리 끝내고 싶다는 귀찮음이 느껴졌다. '그만하고 빨리 가'라고 눈치를 주는 것 같았다. 그는 결국 선심 쓰듯이 주차권을 마지못해 건네줬다.

대화는 상대방의 입장에 서는 것이 중요하다. 대화법에 관심이 있는 사람이라면 수십 번도 더 들었을 얘기다. 극히 당연한 말임에도 이런 말이 계속 나오는 이유는 간단하다. 상대방의 입장에서 말하는 사람을 찾아보기 힘들기 때문이다.

나의 말에 대해 누군가 반대 의견을 말하고 있는가. 잠깐, 상대방의 입장은 무엇일까 고민해보자. 상대방의 입장 그대로 말하라는 게 아니다. 상대방의 입장을 이해한다는 말을 먼저 덧붙인 뒤 대화를 시작해보라. 대화의 결과는 하늘과 땅 차이일 것이다.

# 물리적 거리만큼
# 심리적 거리도
# 필요하다

 

사람은 자신만의 영역을 갖기를 원하는 본능이 있다. 대화를 할 때도 마찬가지다. 타인과 대화할 때 사람들은 최소한의 거리를 유지하길 원한다. 상대방이 누구냐에 따라 그 거리는 조금씩 다르다.

대화 내용에 따라서도 이 거리는 달라지는데, 친밀성이나 비밀스러운 대화인 경우 대화의 거리가 줄어들 수 있다. 상대방이 가장 편안하다고 느낄 수 있는 거리를 확보하는 것이 성공적인 커뮤니케이션의 조건이라는 연구 결과도 있다. 수긍이 간다. 별로 친하지도 않은 사람이 내 옆에 바짝 붙어서 이야기하는 것만큼 당황스러운 일도 없다. 한두 번 봤을 뿐임에도 오래 알고 지냈던 사람처럼 붙어서 얘기하는 사람이 얼마나 부담스러웠는지 모른다. 물리적 거리는 그만큼 중요하다. 이유는 앞에서 말한 것처럼 자신의 영역에 대한 본능적인 욕구 때문이다.

물리적인 거리보다 더욱 중요한 것은 '심리적인 거리'다. 여기에도 적정한 거리가 필요하다. 쉽게 말해 낄 때 끼고 끼지 말아야 할 때 끼지 않는 것이다. 특히 타인의 사생활에 대해 아무렇지도 않게 하는 말투는 상대의 분노를 일으키게 마련이다. 타인의 사생활은 조심스럽고 엄격하게 지켜져야 할 심리적 거리인 셈이다.

한 달에 두 번 정도 참석하는 독서 토론 모임이 있다. 그 모임에서 항상 조용하면서도 친절한 직장인을 한 분 만났다. 기회가 되어 함께 술자리를 하게 되었다. 그가 자신이 겪은 일을 말하는데 어이가 없었다.

"책을 읽고 토론하면서 삶에 대해 고민을 하는 시간은 저를 충만하게 하는 순간이에요. 한 달 전이던가. 회사에서 점심시간 후 커피를 마시다가 동료들에게 '저는 아는 사람들과 고전 공부를 합니다. 한 달에 두 번 만나서 자기가 읽은 책에 대해 이야기하죠'라고 말했어요. 지난주였어요. 누군가 저에 대해 이렇게 말하고 다닌다고 하더군요. '최 과장님이 일이 없나 봐요? 평소에 소크라테스인지, 공자인지 책 읽을 시간이 있다고 하대요? 나는 신문 읽을 시간도 없던데…'. 정말 배신당한 느낌이었어요."

개인의 사생활을 함부로 말한다는 것은 개인의 사생활을 무시한다는 것과 같은 말이다. 절대 삼가야 할 말투다. 예를 들어 타인의 종교, 취향 등에 대해 말하면서 '취향 독특하네?', '사이비 종교 아니야?' 등의 말을 한다면 큰일 날 일이다. 타인의 사생활의 영역조차 존중해주지 못하는 사람에게 돌아올 것은 딱 하나, 사생활이 침해된 사람의 치밀어 오르는 분노뿐이다.

말은 살아 있는 생명체다. 괜한 말로 인간관계를 망치지 말라. 사생활 함부로 말했다가 평생 지워지지 않는 막말로 상대방의 가슴에 원한으로 남는 우매함을 피하시길. 사생활은 사생활이다. 당신의 생활영역이 아님을 기억하고, 또 기억하라!

# 프란츠 & 베니그손, "사과에도 적절한 타이밍이 있다"

심리학자인 신시아 프란츠Cynthia McPherson Frantz와 커트니 베니그손Court-ney Bennigson은 2005년에 〈사과 타이밍이 사과의 효율성에 미치는 영향〉에 대한 실험논문을 발표했다.

이들은 대학생 82명(여성 47명, 남성 35명)을 대상으로 사과의 타이밍에 대한 실험을 실시했다. 실험 참여자들에게 동일한 시나리오를 주고 피해자의 입장에서 설문에 응하도록 했다. 실험의 시나리오를 요약하면 다음과 같다.

당신은 월요일에 남자친구와 금요일 저녁 7시에 함께 보고 싶었던 영화를 보러 가기로 했다. 그런데 마침 당신의 친구들이 금요일 저녁에 함께 파티에 가자고 했다. 남자친구와 영화를 보는 것보다 파티가 더 재미있을 것 같았지만 남자친구와의 약속을 깰 수 없어 거절했다. 그리고 금요일 저녁 7시, 당신은 영화관 앞에서 남자친구를 기다리고 있었다. 하지만 그는 8시 30분이 넘도록 오지 않았고 무언가 잘못됐다고 생각하고 기다리는 것을 포기했다.

다음 날 당신은 다른 친구들에게서 남자친구가 금요일 저녁 자신의 친구들과 파티를 즐겼다는 이야기를 듣게 된다. 이에 화가 나서 그에게 전화를 걸었다.

남자친구는 사과를 하는데 사과 내용은 모두 동일했지만 사과의 시점이 달랐다.

첫째는 통화를 하자마자 그가 먼저 사과하는 경우이고, 둘째는 여자친구가 화를 마구 낸 뒤에 사과하는 경우였다. 언제 여자친구의 화가 더 풀어졌을까?

예상과 달리 사과를 늦게 받았을 때 여자친구의 감정 상태가 가장 큰 폭으로 좋아졌다. 이 실험결과는 잘못을 저질렀을 경우에는 상대방이 자신의 분노를 충분히 표현하도록 한 후 사과하는 게 낫다는 메시지를 전해준다. 상대방이 화도 내기 전에 먼저 사과하는 것은 그저 사건을 빨리 정리하고 끝내려는 듯한 인상을 주기 때문이다. 응어리가 있으면 어떤 사과도 귀에 안 들어온다. 분노든 서운함이든 상대가 표출할 기회를 주는 것이 먼저다.

프란츠와 베니그손은 실험결과에 대해 피해자가 상대방을 용서하기 위해서는 분노 감정을 식힐 시간, '분노 숙성 단계'가 필요하다고 말한다. 그 다음 상대방에게 '내가 왜 화가 났으며, 얼마나 화가 났는지'를 드러내고, 상대방이 내 마음을 충분히 이해했다는 점을 스스로 인식한 다음에야 사과를 받아들일 수 있다. 그렇지 않은 상태에서 건네는 사과는 언제나 불충분하다. 감사의 표현은 즉시 해주는 것이 좋지만 사과는 그렇지 않다. 사과를 할 때는 즉시 해야 좋은 경우가 있고, 조금 기다렸다가 해야 효과적인 경우가 있다.

# 5장

## 공격적이지 않으면서
## 단호하게 나를 표현하는 법

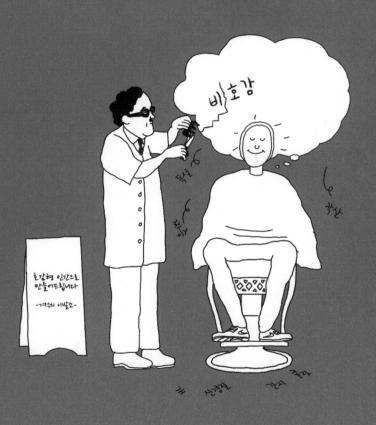

# 상대의
# 감정을 자극하려면
# 말투의
# 강약을 조절하라

만약 당신이 어느 정도 지위를 갖고 있는 사람이라면 강력한 말투를 사용할 권리를 갖고 있는 셈이다. 이는 대화에서 주도권을 잡음에 있어 결정적인 도움이 된다. 다만 문제가 있다. '파워십Power-ship'의 언어인가, 아니면 '리더십Leadership'의 언어인가 하는 문제다. 단순한 파워십에 의한 말투라면 당신은 그저 그런 사람에 불과하다. 한두 번은 당신의 지위, 권위로 어쩔 수 없이 상대방이 대화의 주도권을 당신에게 넘겨준다고 하더라도 결과적으로는 반감을 가져올 가능성이 크다. 일단 파워십과 리더십을 구분해보자.

당신이 차를 몰고 가고 있다. 아차, 신호를 위반했다 앞에서 앳된 모습의 의경이 차를 세우라고 손짓을 한다. 차를 세운다. 바로 이게 파워십이다. 그 사람을 존경해서가 아니라 단속 권한이 있기 때문에 차를 세울 뿐이다. 그 상황에서 의경과 인간관계를 맺고 싶다거나 보다 좋은 방향으로 발전시키고 싶은 사람은 거의 없다. 어쩔 수 없이 만나서 필요한 대화만 나누고 헤어질 뿐이다. 이때 의경이 권위적이고 지시적인, 즉 강력한 말투를 쓴다고 해봐야 우리는 수동적 반응으로 대처할 뿐이다. 파워십에 의한 통제를 통해 내가 변화하거나 발전하겠다는 생각을 하는 사람은 없다. 대부분 "에이, 재수가 없으려니" 하고 자리를 서둘러 피할 뿐이다.

리더십을 근거로 하는 말투는 다르다. 자신의 위치를, 지위를, 권력을 이용하되 상대방의 성장을 도울 수 있는 말을 해야 한다. 예를 들어보자. 당신이 한 회사의 마케팅을 이끌어가는 리더다. 신규 상품이 출시되었다. 부서 직원을 불러 모았다. 상품 설명을 간략히 하고 나서 "금번 출시될 상품은 고객도 좋아할 것입니다"라는 말로 회의를 마쳤다. 부서원들은 속으로 '뭐야. 귀찮게 또 새로운 상품이 나왔네. 그런데 뭐, 어쩌라는 거지?'라는 생각을 하며 금방 잊어버릴지 모른다. 리더의 말이 지나치게 '나약한' 말투였기 때문이다. 아무리 좋은 상품이라 하더라도 리더의 나약한 말 한마디로 부서원의 상품에 대한 판매 의지가 순식간에 사라지고 마는 것이다. 리더십을 통해 원하는 바를 얻고자 하는 사람이라면 상황에 따라 강한 말투로 커뮤니케이션할 수 있어야 한다.

"금번 출시될 상품은 우리 회사의 브랜드를 극대화시킬 겁니다. 이 기회를 놓치지 말고 총력을 다해봅시다. 다른 건 양보해도 이번 상품은 절대 양보 못합니다."

말은 사람의 생각을 짊어진다. 말에는 무게를 실을 수가 있다. 가볍게 말하면 듣는 사람도 가볍게 받아 넘긴다. 무겁게 말하면, 강력하게 말하면, 듣는 사람이 그 말을 쉽게 버리지 못한다. 내가 애써서 하는 말들이 상대방에게 잘 전달되고 있는지 생각해봐야 한다.

말을 많이 한다고, 억압적으로 소리를 친다고 해도, 상대방이 한 귀로 듣고 한 귀로 흘리고 있다면 원하는 소통은 불가능하다. 내가 하고 싶은 말을 하기에 앞서 상대방에게 어떻게 들릴 것인지를 꼭 살펴보자. 상대방의 생각과 감정을 울릴 수 있는 강력한 말투에는 무엇이 있을지 늘 고민해보자.

누군가에게 부탁해야 할 순간이라면 "해주시면 고맙겠습니다"보다는 "꼭 부탁드립니다. 해주시면 저에게 큰 힘이 될 것입니다"라는 말투를 사용해보자. 상대의 감정을 자극하려면 상황에 따라 강약을 조절하는 말투가 필요하다.

# 불가능을
# 가능이라
# 말하는 것은
# 긍정이 아니다

분명해야 할 때는 분명해야 한다. 모호한 상황에 처했다고 해보자. 이럴 때는 막연하게 긍정적으로 얘기하는 것보다는 상황이 만만치 않음을 분명하게 표현하는 말투가 필요하다. 사실 내가 가장 어려워하는 말투가 바로 분명한 말투다. 그중에서도 거절의 말투다. 나는 희망을 버리기를 원치 않는 스타일의 말투를 갖고 있다. 아무리 어려운 상황에서도 될 수 있다는 긍정의 말을 많이 하곤 한다.

"무조건 해내겠습니다."

"끝까지 해봐야죠."

"이왕 시작했으니 마지막까지 해보겠습니다."

원래의 내 성격과는 형식이 다른 말하기다. 내성적인 편이고 함부로 나서는 것도 좋아하지 않는 내가 긍정의 말을 적극적으로 표현하는 이유는 환경의 영향에서 비롯된 듯하다. 영업사원으로 여러 해에 걸쳐 수많은 고객을 관리하다 보니 말도 많아졌고, 요구사항에 반응하느라 '무조건 긍정'의 말투를 사용하는 것이 익숙해졌다. 좋은 방향으로 말하기 습관이 변한 것 같지만 그 과정에서 오히려 잃어버린 것도 있으니 바로 분명한 거절의 말투다. 한마디로 '안 되는 것은 안 된다'고 하는 말투가 나에겐 부족하다. 안 되는 것에 대해 안 된다고 말하는 것도 용기라는 것을 잊어버려서 고생하는 경우가 많다.

몇 년 전의 일이다. 어느 고객의 요구사항을 접수하게 되었다. 자세하게 말할 수는 없지만 대략 이런 거였다.

"다른 경쟁사는 A 기술을 시스템에 도입하는 것이 가능하다고 합니다. 혹시 차장님 회사도 가능한가요?"

이 말을 듣고 나는 불안에 빠졌다.

'우리 회사는 원칙적으로 불가능한데 괜히 된다고 했다가 문제 생기면 어쩌지? 안 된다고 하면 다른 경쟁사로 고객이 움직일 텐데… 일단 된다고 하고 보자.'

그래도 최소한 조심은 해야 하겠기에 다음과 같이 말했다.

"특별한 문제가 없다면 가능할 것이라고 생각합니다. 그나저나 계약부터 하셔야죠?"

성급히 대화를 마무리했다. 문제는 바로 터졌다. 고객 담당자는 해당 기술에 대한 시스템 도입을 품의하여 최종결재를 넘겼고 그 이후 나에게 시스템에 적용하겠다고 통보를 해온 것이다. 그때서야 내부 부서에 문의해보니 내가 재직 중인 회사는 절대로 그런 정책은 허용할 수 없다는 것이고. 그 이후 겪은 일은… 어휴, 생각하기도 싫다.

대화는 서로 다른 사람이, 서로 다른 기대치에 접근해가는 과정이다. 상대는 나에게 이미 어느 수준의 기대치를 갖고 있다. 나는 그것을 채울 수 있어야 한다. 채우지 못하면 상대방은 나를 대화 상대로 여기지 않는다. 그렇다고 해서 불가능한 것조차 가능하다고 함부로 말하는 것은 최악의 말투다. 명확하지 않은 것을 모호하게 긍정적으로 표현하는 말투를 갖고 있다면 조심해야 한다. 분명하지 않은 말을 함부로 하다가는 상대방과의 갈등만 일으킬 뿐이니까. 위의 사례에서 나는 이렇게 말했어야 했다.

"현재 상황에서는 공식적으로 도입하기가 힘듭니다. 다만 가능한 부분이 있는지 제가 내부에서 협의한 후 알려드리겠습니다. 시간을 일주일만 주시겠습니까?"

이 정도로만 말했어도 고객과의 관계는 훼손되지 않았을 테다.

섣불리 말한 나의 '모호한 긍정' 말투에 상대방은 나중에 '속았다' 는 느낌을 가질 수 있음을 잊지 말자. 모호한 태도로 말하는 것은 단기적으로도 상대방의 신뢰를 배신해버리는 결과를 갖고 올 수 있다. 말하기 힘든 상황이라면 말하지 말라. 그것도 아니라면 아예 '겸손을 포함한 부정적인 의미의' 말투를 사용할 것을 권한다. 오히려 이것이 대화의 주도권을 잃지 않는 방법이다.

# 거절 뒤에는 반드시 긍정적인 멘트를 추가하라

우리는 "No"라고 말하는 것에 익숙하지 않다. 거절을 할 때 말로 직접 표현하기를 두려워한다. 반대로 얼굴 표정과 몸짓 등으로 나타낼 줄은 안다. "내일 아침까지 보고서 써놔!"라고 상사가 말하면, "내일 아침까지는 힘들겠습니다"라고 말하기보다는 무리라는 표정을 짓는 것에 익숙하다. '내가 이런 표정을 짓고 있는 걸 보면 모르냐' 하는 표정을 지으며 상대방이 말한 것을 철회하기를 바란다. 결국 거절은 실패하고 품질 낮은 보고서만 한 장 덜렁 나와버린다. 상사의 질책과 낮은 평가가 이어지고 인간관계 역시 악순환이 될 것이다. 그러다 자신이 상사가 되면 또 똑같이 강압적인 지시를 하고 상대방의 거절의 리액션은 거부한다.

거절은 그만큼 어렵다. 한국 사람들 특유의 말하기 습관이 아닌가 싶다. 그러나 안 좋은 습관이라면 하루라도 빨리 버려야 한다. 거절이 어려워 애매모호한 표정과 행동으로 대신하는 것은 커뮤니케이션을 해치는 최악의 말투 중 하나다. 이런 말투는 퇴보적인 사회를 만들 뿐 아니라 창의적이고 신선한 생각을 죽이는 폭력적인 커뮤니케이션이다. 거절할 것은 거절할 수 있어야 한다. 거절할 타이밍에 거절하지 못하고 상대의 말과 행동에 질질 끌려다녀서는 절대 대화에서 주도권을 쥘 수가 없다. 거절의 기술이 절대적으로 필요한 순간이다. 어떻게 거절할 것인가.

딱 하나만 기억하면 된다. '긍정적 No' 말투다. 거절을 하되 긍정을 덧붙여 표현하는 말투다. 예를 들어보자. 엄마가 아이를 부른다.

"철수야, 마루 청소 좀 도와줄래?"

"엄마, 그건 내 일이 아니잖아."

엄마의 짜증이 몰려오는 소리가 들리는 순간이다. 직장에서도 마찬가지다. 상사가 불렀다.

"박 대리, 미안하네. 내일 아침까지 매출 분석 자료를 제출해야 해. 나를 좀 도와주게."

"팀장님, 이건 제 일이 아닌데요."

이런 부하직원, 절대 함께 있고 싶지 않은 사람일 테다. 이런 '밑도 끝도 없는 No'는 상대방의 분노만 일으킬 뿐이다. 이 사례에서 말을 잘할 줄 아는 아이라면, 말을 잘할 줄 아는 부하직원이라면 다음과 같은 '긍정적인 No' 말투를 사용했을 것이다.

"엄마, 제가 숙제 끝내고 도와드리면 안 될까요?"

"팀장님, 제가 오늘 저녁 선약이 있어서요. 혹시 내일 아침에 일찍 나와서 도와드리면 안 될까요?"

상대방에 대한 분노를 일으키지 않으면서 거절할 수 있는 말투다. 속된 말로 '싸가지 없는 사람'과 '예의 바른 사람'은 이러한 말 몇 마디로 구분이 된다. 여기서는 아이와 부하직원 등 '을'의 입장에 선 사람들을 예로 들었지만 사실 '긍정적 No' 말투는 '갑'의 입장에 있는 사람에게 더욱 필요한 말투다.

당신이 프로젝트를 진행하기 위해 여러 회사로부터 견적을 받아 비교한 후 하나의 회사 외에 나머지 회사를 탈락시켰다고 해보자. 이때 탈락한 회사에게 당신이 "당신 회사는 가격 경쟁력이 없네요"라고 대놓고 말한다면 상대방은 상처를 입을 것이고 더 이상의 관계는 불가능할 것이다. 두 번 다시 얼굴 볼 사람이 아니라면 이렇게 말해도 된다. 하지만 인간관계에서 이토록 냉정해서야 되겠는가. 거절의 말 한마디도 예의를 갖춰 해야 한다. 다음과 같은 말투로 바꾸어 말할 수 있어야 한다.

"가격에서 조금 아쉬웠습니다. 하지만 기술 수준만큼은 최고였습니다. 다음 기회에 꼭 한번 같이 일을 해보고 싶어요."

진짜든 거짓이든 관계없이 당신은 앞으로도 대화를 계속 주도할 수 있을 것이다. 일로 맺어진 인간관계를 함부로 훼손하지 않는 미래지향적인 말투이기도 하다. 당신은 어떤 말투를 선택할 것인가.

# 제3자의
# 권위를 이용하면
# 말에 힘이 실린다

생활용품 관련 회사에 근무하는 한 팀장님의 얘기다. 그는 회사에 대한 애정이 대단하다. 장모님 집에 가서 가장 먼저 찾는 곳이 욕실이란다. 욕실에 가서 경쟁사의 샴푸, 비누, 치약 등이 있으면 아무 말 없이 휴지통에 버린단다. 바로 가까운 마트를 방문하여 자기가 재직 중인 회사의 샴푸, 비누, 치약을 산 후 장모님 집에 돌아와 욕실을 채운단다. 그래서일까? 현재 근무 중인 회사에서도 인정을 받는 분이었다. 그분의 말을 들으며 존경심과 함께 '나는 과연 재직 중인 회사를 향해 이런 마인드를 갖고 있는가?' 하는 부끄러움을 느꼈다. 어쨌든 그런 분의 말이기에 더욱 솔깃했던, 회의 등에서 대화의 주도권을 갖는 말투를 소개하고자 한다.

그는 권위를 활용한다고 했다. 물론 자기 자신이 팀장이니 나름대로 주어진 권위가 있다. 그럼에도 그는 좀 더 높은 사람, 혹은 제3자의 권위를 대화에 있어 적극적으로 활용한다고 했다. 팀원 중 한 명이 성과가 나오지 않는다면, 또 그 성과의 부족에 별다른 위기감도 느끼지 못한다면, 그는 제3자를 적극 활용한다고 한다.

"최 대리, 이사님께서 최 대리 걱정을 많이 하시던데? 충분한 능력이 있음에도 성과가 나오지 않는 것 같다고. 우리 부서의 에이스라고 말씀까지 하시더라고."

강력한 의견을 전달하기 위해서 직속 상사가 의견을 내는 것이 가장 쉽고 편한 방법임은 당연하다. 그러나 좀 더 수준 높은 방법을 찾는다면 '제3자의 권위를 이용하는' 말투가 정답이다. 논리적으로 말하는 것보다, 감정적으로 말하는 것보다, 직접 마주치는 사람이 아닌 제3자의 말을 적극적으로 활용한다면 대화의 주도권을 이끄는 데 도움이 된다.

자신의 의견을 솔직하게 말한다고 해서 그것이 효과적인 대화법은 아니다. 적절하게 제3자를 활용하는 것이야말로 말에 무게를 더할 수 있는 말투에 있어 좋은 무기다. 참고로 위의 사례에서 실제로 팀장님이 이사님에게 들은 말은 "김 팀장님, 부서에 능력 있는 분들이 많은데 실적이 조금 아쉽네요. 조금 더 독려해서 성과를 이끌어내는 것에 힘써주세요"였단다. 그렇다. 이사님은 최 대리를 직접 언급하지 않았다. 팀원들을 언급했을 뿐이다.

그렇다면 거짓말을 한 걸까. 아니다. 최 대리도 팀원의 한 명일 뿐이니 말이다. 이 정도로 말을 수정하여 말하는 것은 거짓이 아니다. 대화의 주도권을 이끌어가는 아름다운 말투다. 억압적으로 말하지도 않았고 상대의 말을 일방적으로 끊지도 않으면서 대화의 목적, 즉 상대방으로부터 원하는 것을 얻어내는 것에 성공할 가능성이 큰 말투다. 또한 서로 감정이 상하지 않으면서 원하는 바를 정확히 전달할 수 있는 말투다. 제3자의 권위를 이용한다는 것은 바로 그런 거다.

물론 상습적으로, 그것도 시도 때도 없이 제3자를 들먹이는 말투는 상대방의 짜증만 불러일으킬 수 있다는 점도 기억하고 있어야 한다.

"내가 이사님을 좀 알잖아. 이사님이 그러시는데…."

시작부터 듣기 싫은 건방진 말투다. 그것이 반복되면 말하는 사람의 말 자체에 대한 진위 여부도 의심하게 된다. "자꾸 그러면 이사님이 그냥 놔둘 것 같아?"와 같은 강압적이고 위협적인 제3자의 권위 사용도 옳지 못하다. 제3자의 권위는 '아름다운 권위'일 때만 상대방에게 전달될 수 있다. 밑도 끝도 없는 협박용 권위에 제3자를 끌어들일 바에는 아예 자기 자신의 생각이라고 솔직하게 말하라. 그게 최소한의 대화 관계라도 깨뜨리지 않는 방법이니까. 제3자의 권위를 이용하는 것은 상대에게 긍정의 말로 할 때만 효과가 있다는 점도 잊지 말도록 하자.

# 논리의 치밀함보다는
# 감정적 접근이
# 우선이다

　성급한 사람으로 보여서 좋을 게 뭐가 있는가. 설득하겠다고, 논리적으로 대화하겠다고 핵심문제에 함부로 뛰어드는 말투는 상대방에게 부담을 준다. 물론 해야 할 말을 이리저리 돌리면서 주저주저하는 사람에게는 신뢰가 가지 않는다. 답답함도 느껴진다. 그렇다고 "결론이 뭐예요?"라고 밑도 끝도 없이 달려드는 사람에게는 당혹스러움을 느낀다. 내 경계가 급작스레 침범당한 느낌에 기분이 상한다. '기분 맞춰주려고 대화하나?' 하는 의문이 들 수도 있다. 당신의 의문에 대답하자면 "그렇다. 기분 맞춰가며 대화해야 한다"라고 대답하고 싶다. 상대의 기분도 못 맞춰주면서 무슨 대화를 이어나갈 생각을 하는가. 결론을 말하기 전에 도대체 상대방이 갖고 있는 관심이 무엇인지 확인해볼 일이다. 상대의 관심에 대해서는 생각도 하지 않은 채 일방적으로 자신의 의견만 강요하는 것은 대화의 예의가 아니다.

진리를 밝히는 것은 중요하다. 하지만 그 진리를 밝히기 위해서는 상대방을 부추기거나 혹은 달래는 방식의 말투로 감정을 사로잡는 게 먼저일 수 있다. 문 열 준비도 안 된 사람에게 방안의 물건에 대해 이래라저래라 할 수 없는 것처럼 말이다. 논리의 치밀성보다 감정이 우선이다. 말만 번지르르하고 내실은 없는 사람을 비난하기 전에 내실만 있고 말은 거칠기 이를 데 없는 자신부터 반성해보는 게 어떨까.

게임회사에서 개발을 담당하는 친구가 있었다. 게임 개발이 그렇게 재미있을 수가 없단다. 자신의 꿈은 미국 실리콘밸리에서 볼 수 있는 것처럼 머리가 백발이 되어서도 게임 개발을 하는 거란다. 그렇게 6년을 개발자로 살아온 그에게 어느 날 변수가 생겼다. 회사에서 스텝부서로 이동을 명한 것이다. 개발은 물론 보고와 정리에도 능숙한 그였기에 조직의 필요에 의해 기획부서로 가게 된 거다. 회사의 핵심부서인 관계로 주위의 모든 사람들이 부러워했다. "역시 능력 있는 사람은 다르네요. 축하해요!"라는 말만 수십 번을 들었다고 하니 말이다.

그 친구의 마음은 모르고 하는 말이었다. 개발자로 평생을 살겠다는 생각이 바뀌지 않은 상태에서 소위 조직의 논리만으로 부서 이동을 하게 되었으니 갑갑한 마음만 꽉 차게 되었다. 조직의 명을 거역할 수 없기에 부서 이동은 했지만 자신이 하고 싶은 일, 관심 있는 일을 못하게 된 그는 하루하루가 견딜 수 없을 지경이었단다. 반년이 지나자 밤잠을 설칠 정도가 되었단다. 아이러니하게도 회사에서는 일 잘한다고 인정을 받으니 더 미칠 지경이었다. 참을 수 없게 된 그는 용기를 내어 부서장과 면담을 신청하게 되었다.

"저를 아껴주셔서 감사합니다. 하지만 저를 위해서, 회사를 위해서 제가 더 잘하고, 더 관심 있는 분야에 있게 해주시면 안 될까요?"

부서장으로부터 바로 대답이 돌아왔다.

"최 과장, 내가 직장생활 오래했잖아. 그럼 내 말을 들어야지. 개발부서에 있는 것보다 지금 이 부서가 훨씬 최 과장의 커리어를 위해서 좋아. 언제까지고 개발만 할 거야? 지금 개발부서로 리턴하면 기획부서로 다시는 못 와. 최 과장이 잘할 수 있는 것을 내가 알고 있어서 하는 말이야."

허탈했단다. 자신의 관심에 대해서는 전혀 공감하지 않은 채 일방적으로 자신의 논리만 쏟아내던 부서장이 미워졌단다. 대화하기 전에는 몰랐는데 오히려 대화를 하면 할수록 '아, 이 사람에게 자신의 커리어를 함부로 맡겨서는 안 되겠다'는 생각이 들었단다. 자신의 '가능성'보다는 '문제'에 집중하는 부서장의 말을 듣다 보니 자신을 그저 부속품처럼 생각하는 건 아닌가 하는 생각이 들었다고 한다. 만약 부서장이 다음과 같은 말 한마디만 했더라도 자신이 좀 더 긍정적으로 생각하고 대화를 이어나갔을 것이라고 말했다.

"최 과장, 고민이 많구나. 그동안 힘들었겠다."

딱 이 한마디면 어쩌면 그냥 기획부서에 그대로 있었을지도 몰랐겠다고 말한다. 자신의 관심에 대해서 아주 조금이라도 생각해주는 말투만 했어도 결과는 달랐다는 것이다. 결국 그는 회사를 그만두고 동일 업종의 개발부서로 이직해버렸다. 회사도, 부서장도 그리고 최 과장조차 모두 패배자가 되는 그런 대화였던 셈이다

미국의 한 회사는 장점과 약점에 대한 정의를 색다르게 한다고 들었다. 장점이란 '잘하는 것'이 아니라 '관심 있고, 배우려는 열정이 있으며, 지속적으로 하고 싶어 하는 분야'라는 것이다. 반대로 약점은 아무리 잘하는 기술이 있더라도 '하고 싶어 하지 않는 것'이라고 한다. 과연 우리는 상대의 장점과 약점을 잘 알고 있는가. 상대의 관심에 대한 기본적인 배려도 없이 함부로 말을 하는 말투야말로 대화를 망치는 최악의 태도다.

# 지나친 솔직함이
# 결국
# 나를 해친다

　나는 마흔 넘은 나이지만 지금 대학원에 다니고 있다. 나이에 대한 부담이 전혀 없다면 거짓말이지만, 상담이론, 집단상담, 이상심리학, 직업심리학, 인력개발론, 경영전략 등 평소에 흥미를 느꼈던 분야에 대해 공부를 하면서 배움의 즐거움을 만끽하고 있다. 교수님의 말씀도 하나하나 허투루 들리지 않는다. '아, 학부 때 이렇게 공부했으면 지금 멋진 학자가 되었을 텐데!' 하는 생각도 들지만 "지나간 것은 지나간 대로 그런 의미가 있죠"라는 노래 가사로 위로를 삼는다.

어느 날 한 교수님과 대화를 나누게 되었다. 대화 중 학생들이 어떤 말이나 행동을 할 때 답답하거나 화가 나는지를 여쭤보았다. 버릇없는 말을 할 때, 학점 잘 달라고 할 때, 수업시간에 졸 때, 수업시간에 스마트폰을 자꾸 힐끔거릴 때 등의 대답을 기대했는데 교수님이 들려준 말은 예상 밖이었다.

"인터넷을 찾아봤는데요."

"네이버에 보니까요."

보고서를 제출할 때나 수업시간에 발표를 할 때 학생이 이런 말을 쓰면 성의 없어 보여서 교수로서 화가 난다고 하셨다. 더군다나 나름대로 공부에 목적을 두고 있다는 대학원생이 이렇게 말하면 더 답답하다고 했다. 인터넷은 세상 모든 정보의 보고寶庫다. 그러나 인터넷이 마치 절대 지식인 것처럼 말하는 것은 성의 없는 학문의 태도라고 교수님들은 생각하신단다. 당신이 대학원생이라고 해보자. 교수님을 앞에 두고 발표할 기회가 생겼다. 다음의 A와 B 중에서 당신은 어떻게 말하고 싶은가.

A: "인터넷에서 검색한 바에 의하면….."

B: "대한민국학술정보자료원의 자료 중에서 찾아본 논문에 의하면….."

B와 같은 말투를 사용해야 자신의 가치를 높일 수 있다. 더욱이

어떤 분야에서 프로페셔널한 사람으로 인정받기를 원한다면 자신의 가치를 낮추는 말, 자신의 약점을 드러내는 말을 사용하지 말기를 바란다. 프로라면 프로답게, 직장인이라면 직장인답게, 대학원생이라면 대학원생답게 말할 수 있어야 한다.

이를 위해 우리가 일상에서 흔하게 사용하는 말을 점검해야 한다. 평소 전문가의 모습을 보여야 할 순간에 잘못 사용하고 있는 말을 교정하는 것이 그 첫 번째다. 성의 없어 보이는 말투는 자신이 일하는 현장에서 약점을 갖고 있다는 자백과 다를 바 없다.

# '믿을 만한 사람'은 말투로 완성된다

 

말은 누가 하느냐에 따라 듣는 사람의 기분도 달라진다. 단순하게는 정치인이 하는 말은 정치인이 하는 것처럼 들리고, 경찰의 말은 경찰의 말처럼 들린다. 선생님의 말은 왠지 선생님처럼 들리고 영업사원의 말은 영업사원답다는 느낌이 든다. 물론 사기꾼의 말은 사기꾼처럼 들리지 않는 문제점이 있긴 하지만…. 어쨌거나 한 사람의 생각, 감정과는 무관하게 사람이 처한 구체적인 지위에 따라 말도 다르다고 느끼게 되는 것이 일반적이다.

단순히 직업의 이름만일까? 더 중요한 게 있지 않을까? 경찰 중에는 착한 경찰이 있고 나쁜 경찰이 있다. 선생님도 대부분은 좋으시지만 나쁜 선생님도 있다. 좋은 정치인이 있는 반면 나쁜 정치인도 있다. 자, 여기서 스톱, 당신은 무슨 일을 하는 사람인가.

앞서 살펴본 내용이지만 다시 한번 점검해보자. 당신은 카페 주인, 회사의 과장, 민원을 상대하는 공무원 등 여러 가지 분야에서 밥벌이를 하고 있을 테다. 그 밥벌이의 중심에는 대화가 큰 몫을 차지할 텐데 이때 우리는 '좋은' 사람으로 상대방에게 보일 수 있어야 한다는 거다. '좋은' 카페 주인, 회사의 '좋은' 과장, 공공기관의 '좋은' 공무원일 때 대화의 상대방이 당신의 말을 '좋은' 말로 인정할 것이다. 특히 인격적으로 성숙한 사람임을 상대방에게 각인시킬 수 있는 말을 하는 것은 중요하다.

언젠가 친구들끼리 모였다. 고등학교 동창이었다. 한 친구의 이름이 입에 오르내렸다.

"경완이 알지? 걔 요즘 뭐하지?"

"글쎄, 대기업에 들어갔다가 나와서 공인중개사 한다더라."

"왜 대기업을 그만둬? 괜히 까불다가 잘린 거 아냐?"

점차 친구에 대해 안 좋은 이야기가 나오기 시작하던 그때였다. 조용히 대화를 듣고 있던 한 친구가 말한다.

"그래도 경완이가 고등학교 때 괜찮은 친구였잖아. 의리도 있었고. 좋은 애였으니까 지금도 좋은 일 할 거야. 어디에서 무엇을 하든지 잘할 거야."

그 이후의 대화는 당연히 경완이의 괜찮았던 면을 회고하며 지금도 열심히, 그리고 잘 살고 있을 거라는 말들로 끝이 났다. 고등학교 때 이후 20여 년이 지났음에도 한때 좋은 사람이었다는 추억을 건드린 말 한마디만으로 지금도 좋은 사람일 것이라는 생각이 들게 한 것이다. 이쯤에서 나를 되돌아봐야 한다.

'나는 좋은 사람이었던가?'

아, 이건 이미 지나간 과거이니 어쩔 수 없는 영역이라고 해보자. 그렇다면 이건 어떤가.

'지금 나는 좋은 사람인가?'

나에 대해 확인해볼 차례다. 나는 지금 좋은 사람이어야 한다. 좋은 사람으로 타인에게 인정받을 수 있어야 한다. 돈이 많다거나, 실적이 좋다거나 그런 걸 말하는 게 아니다. 인격적으로, 평판을 받는 측면에서 좋은 사람으로 인식되어야 한다. 나의 사회경험을 봐도 그렇다. 나보다 그저 그랬던 사람이 어느새 나의 사회적 지위를 추월하여 먼저 승진하고 인정받았던 사례를 보면 알 수 있다. 그런 사람들이 과거에 들었던 말들을 지금에야 되새겨본다. 당신이 과거에, 지금, 그리고 미래에 이런 말들을 들었고, 듣기를 바라며.

"그 친구가 하는 건 믿을만 해!"

"걔는 허튼 일 할 사람이 아니야."

"다른 사람은 몰라도 그 아이만은 절대 헛된 짓을 안 한다. 그건 내가 보증할 수 있어."

나는 무슨 말을 듣는 사람인가. 혹시 내 생각보다 저평가를 받고 있지는 않은가. 그렇다면 이제부터라도 나의 인격을 스스로 지키고 아끼는 마음에서 인격적으로 성숙한 말투를 사용하겠다고 다짐해 보라.

# 나를 지키는 용기가
# 진정한 용기다

용기란 무엇일까. 어휘 사전에는 '씩씩하고 굳센 기운. 또는 사물을 겁내지 아니하는 기개'라고 나와 있다. '겁내지 않는다'는 말을 용기와 동의어로 사용하는 게 대부분이다. 용기란 내가 무엇인가를 하기 전에 해毒가 될 것에 대해 두려워하지 않는 것인데 특히 자신에게 도움이 되는 것에 대해 적극적으로 나서는 행위도 포함한다. 그렇다. 나 자신을 지키는 용기가 진정한 용기일 수도 있음을 알아야 한다. 자신을 지키는 것도 용기라는 것을 알아야 세상과의 커뮤니케이션이 쉬워진다. 독감에 걸렸다고 해보자. 이때 무작정 참는

게 용기일까? 아니다. 만약 도저히 몸을 움직일 수 없음에도 참아내고 있다면 이를 우리는 용기와 반대되는 개념인 '무모함'이라고 해야 한다. 힘들면 힘들다고 말하는 건 나약함이 아니라 용기다. 엄살과는 다르다. '아픔이나 괴로움 따위를 거짓으로 꾸미거나 실제보다 보태어서 나타냄'이라는 뜻의 엄살은 한마디로 거짓된 말투다. 우리는 그런 말투를 사용하는 사람들이 아니다. 진정으로 아플 때 아프다고 말하는 사람들이다. 그런 말투는 나를 지키는 제대로된 말투다. 무조건 강해 보이겠다고 자신의 아픔도 외면하는 말과 행동은 어리석음이다.

언젠가 나는 책을 사면 어느 한 구석에 "HELPING OTHERS"를 적어놓고 다녔다. 재미있게 읽은 경영 관련 서적이 있었는데 그 책을 쓴 교수님의 삶의 목표가 "HELPING OTHERS"였다. 그 말이 너무 멋져 보여서 흉내를 냈다. 다만 '도움을 주는' 것에만 초점을 맞춘 것은 아니었나 하는 반성도 든다. 도움을 주는 것만큼이나 도움을 받는 것에도 서투른 문제아가 바로 나였으니까. 도움을 받지 않아야 할 상황임에도 무조건 도움을 강요하는 말을 하는 사람도 문제지만 도움을 받아야 하는 상황임에도 "그럴 필요까지는 없는데⋯", "그냥 제가 해도 되는데⋯" 등으로 도움받을 기회를 놓치는 사람도 마찬가지로 문제다.

우리는 사회 속에 산다. 다른 사람과 함께 일하는 능력, 즉 협력의 기술이 필요하다. '해야 할 건 해야' 하는 것 이상으로 '받을 건 받을 수 있어야' 한다. "도와줄 것 없어요?"라는 말투로 사회생활을 해야 하지만 "도움받고 싶습니다"라는 말을 할 수 있는 용기도 필요하다.

사실 나는 협력에 약하다는 말을 듣기도 했다. 조직에서든, 동호회에서든 말이다. 혼자 하는 것에 익숙했고 함께하는 것에 미숙했다. 그 이유는 팀워크에 대한 거부감이 아니었다. 도움받을 것에 대해 지나치게 고민하는 나의 생각에서 시작되었다. 지나치게 협력, 팀워크, 그리고 '도움 주고받음'에 대해 어렵게 생각하고 있었던 것 같다. 그래서 도움받고 싶다는 말 한마디도 못했던 것 같다. 당신은 나의 실수를 되풀이하지 마시길.

세상은 도움을 청하면 받을 준비가 예상 외로 잘되어 있다. 힘든가? 그렇다면 도움을 요청하라. "도와주시겠습니까?", "부탁드려도 될까요?" 참고로 가만히 있으면 아무도 움직이지 않는다. 사람이 나쁜 게 아니라 그 사람들도 들리지 않으면 해줄 수 없기 때문이다. 아프다는 말을 하지 않으면 그 누구도 당신의 아픔을 봐줄 여유가 없는 시대가 바로 지금이다. 아플 땐 아프다고 하는 용기 있는 말투로 세상에 나서길. 당신에게 지금 가장 큰 고민은 무엇인가. 그것을 도와줄 사람은 누구인가. 이제 용기를 내서 도와달라고 말해보라.

# 나를 지키는 말투는
# 그 자체로
# 선이다

J. D. 샐린저는 《호밀밭의 파수꾼》에서 자신의 생각을 소설 속 주인공의 목소리를 빌려 이렇게 말한 바 있다.

나는 늘 넓은 호밀밭에서 꼬마들이 재미있게 놀고 있는 모습을 상상하곤 했어. 어린애들만 수천 명이 있을 뿐 주위에 어른이라곤 나밖에 없는 거야. 그리고 난 아득한 절벽 앞에 서 있어. 내가 할 일은 아이들이 절벽으로 떨어질 것 같으면 재빨리 붙잡아주는 거야. 애들이란 앞뒤 생각 없이 마구 달리는 법이니까. 그럴 때 어딘가에서 내가 나타나서는 꼬마가 떨어지지 않도록 붙잡아주는 거지. 온종일 그 일만 하는 거야. 말하자면 호밀밭의 파수꾼이 되고 싶다고나 할까. 바보 같은 얘기라는 건 알고 있어. 하지만 내가 정말 되고 싶은 건 그거야.

사면이 모두 절벽인, 하지만 넓은 호밀밭으로 뒤덮인 곳에서 당신이 갖고 있는 것들을 마음껏 발휘하는 그런 모습을 상상해보라. 이 책에서 지금까지 이야기한 내용들이 혹여 신나게 놀다가 절벽에 가는 것도 모르다 추락사 할지도 모르는 당신의 대화 습관을 한 번쯤 생각해보게 하는 계기가 되길 바란다.

우리는 아는 것도 많고 꿈꾸는 것도 많다. 잘 놀고 싶고, 잘 살고 싶다. 대화도 마찬가지다. 대화 때문에 고통받는 게 아니라 대화로 인해서 뭔가를 얻어내고 성장하며 결국에는 승리하는 삶을 살고 싶은 게 우리의 꿈이다. 다만 듣는 사람을 생각하지 않는 대화는 아무런 의미가 없다는 것이 문제다. 내 이야기가 아무리 논리적으로 옳다고 하더라도 듣는 사람이 받아들이지를 않는다면 아무런 의미가 없다.

혹시 직장인이라면 회의 장면을 떠올려보라. 내용의 옳고 그름보다 누군가의 지지를 더 많이 받는가에 따라 회의의 결론이 달라지는 경우를 쉽게 보지 않았는가. 그뿐인가. "그 사람, 괜찮은 사람이야"라는 평가 하나로 어눌하고, 논리에 맞지 않는 말을 해도 인정받는 사람은 또 얼마나 많은가. '사람이 좋다'는 것과 '말이 옳다'는 다른 것임에도 같은 것으로 취급받는 경우는 얼마나 많은가.

나의 말이 누군가에게 설득력을 갖기 위해서는 세 가지 중의 하나는 있어야 한다. 첫째 지위가 필요하다. 회사의 상사가 되든지, 돈 많은 고객이 되든지, 단속권한이 있는 경찰이 되든지 하는 것 말이다. 둘째 사람됨이다. 인품이 좋은 사람이라는 평가를 받게 되면 말까지도 설득력을 갖게 된다. 지위와 인격, 갑자기 얻기 힘든 요소다. 그렇다면 우리가 활용할 수 있는 것은 마지막의 것, 즉 말투다. 말투를 적절히 사용함으로 인해 원하는 것을 얻을 수 있으며 나의 발전을 위한 도구로 활용할 수 있다.

절대 나의 본능과 다른 말투를 사용하는 것에 대해 어색함을 느끼지 않기를 바란다. 생존 도구로 말투를 사용하는 것은 '선善' 그 자체이기 때문이다. 고대 철학자 에피쿠로스가 《쾌락》에서 한 말을 되새겨보자.

'다른 사람들의 공격으로부터 자신의 안전을 지킨다'는 목적을 이룰 수 있게 하는 것이 자연적인 선善이다.

나를 지키는 말투는, 잔머리를 굴리는 말의 기술이 아니다. 그 자체로 선이며 아름다운 일이다. 자기 자신을 지키는 말투, 당신은 지금 사용하고 있는가. 오늘 하루 자기 자신이 제대로 된 말투를 사용함으로 인해 얼마나 자기 자신을 아끼고 사랑하며, 세상의 고통들로부터 자신을 지켜냈는지 확인해보자.

# 지식의 저주,
# 때로는 지식이 의사소통을 가로막는다

다른 사람의 행동이나 반응을 예상할 때, 자기가 알고 있는 지식을 다른 사람도 알 것이라는 고정관념에 매몰되어 인식의 왜곡이 나타나는데, 이를 '지식의 저주'라 한다. 미국의 심리학자 엘리자베스 뉴턴Elizabeth Newton은 지식의 저주와 관련해 다음과 같은 실험을 진행했다.

그는 실험에 참가한 사람들을 두 무리로 나누어 각각 '두드리는 사람'과 '듣는 사람'의 역할을 주었다. 두드리는 사람은 생일 축하 노래나 미국 국가 등 누구나 알고 있는 25개의 노래가 적힌 목록을 받았다. 그들의 역할을 목록에 적힌 노래 가운데 하나를 골라 노래의 리듬에 맞춰 테이블을 두드리는 것이다. 반면 듣는 사람은 노래 제목은 모른 채 두드리는 소리만 듣고 노래의 제목을 맞추는 것이다.

실험을 하기 전에 두드리는 역할을 맡은 사람들에게 상대방이 정답을 맞힐 확률이 얼마나 되겠냐고 물어보았더니 50퍼센트 정도를 상대방이 맞출 것 같다고 예측했다.

그런데 실험을 한 실제 결과는 과연 얼마나 되었을까? 겨우 2.5퍼센트만 노래 제목을 맞추었을 뿐이었다. 모두 120개 노래를 가지고 실험을 했는데 단 3곡밖에 맞추지 못한 것이다.

이것이 바로 내가 알면 남도 알 거라 생각하는 지식의 저주 실험이다. 두드리는 역할을 한 사람들은 테이블을 두드리며 속으로 가사와 멜로디를 생각하며 두드렸기에 상대방도 쉽게 맞힐 수 있을 거라 착각한 것이다. 그러나 듣는 역할을 하는 사람에게는 그저 모스 부호와 다를 바 없는 소리로 들렸을 것이다.

지식의 저주 상황은 일상생활에서도 자주 벌어진다. 교사는 자신이 알고 있기 때문에 학생들에게 조금만 알려줘도 다 알 것이라 착각하고, 직장 상사는 부하직원에게 대충 말해놓고 다 알아들었을 것이라고 착각한다. 자신이 아는 것을 상대가 알아주지 않는다고 분통 터져 하는 것은 지식이 가져다준 저주일 뿐이다.

내가 알고, 상대방이 모르고 있는 상황에서 무조건 가르치려고만 들면 지식의 가치를 공유하기 어렵다. 지식의 저주를 푸는 것이 우선이다. 내가 어떻게 그 지식을 습득하게 되었는지를 먼저 생각하고, 그 다음 지식을 공유할 수 있는 여건을 만든 뒤 의사소통을 해야 한다. 지식의 공유에는 지혜와 인내심이 필요하다는 점, 잊지 말자.

## 모든 관계는 말투에서 시작된다

기분 좋은 사람으로 기억되는 사소한 습관

**초판 1쇄 발행** 2017년 6월 19일 **초판 62쇄 발행** 2024년 10월 24일

**지은이** 김범준
**펴낸이** 최순영

**출판2 본부장** 박태근
**경제경영 팀장** 류혜정
**디자인** 필요한 디자인
**일러스트** 최광렬

**펴낸곳** ㈜위즈덤하우스 **출판등록** 2000년 5월 23일 제13-1071호
**주소** 서울특별시 마포구 양화로 19 합정오피스빌딩 17층
**전화** 02) 2179-5600 **홈페이지** www.wisdomhouse.co.kr

ⓒ 김범준, 2017

ISBN 978-89-6086-385-9 03320

호감형
인간으로
만들어
드립니다

-말투 이발소-